東京発　半日徒歩旅行

朝寝した休日でもたっぷり楽しめる東京近郊「超」小さな旅

佐藤徹也

ヤマケイ新書

徒歩旅行のはじまりだ
——まえがきに代えて

とくに予定のない休日の朝。起きてみれば、家にいるのがもったいないような晴天。さて、どうしよう。本格的に山を歩いたり、釣りに行ったりするにはちょっと出足が遅れたけれど、洗濯をすませても午前中には家を出られそうだ。

ならば、半日程度で楽しめる場所に出かければいいじゃないか。せっかくなら青空の下を気持ちよく歩きたい。半日なので歩ける時間はせいぜい1～3時間といったところだけれど、東京近郊にだって、まだまだ行ったことのない場所、見たことのない風景はたくさんある。古代史の舞台、大河を越える渡し船、近場にもある豊かな自然、そして以前から気になっていたあの街……。本書は、そんな場所を歩いて旅してできた。

お伊勢参りだって松尾芭蕉だって、昔はみんな歩いて旅をしていた。それは今とくらべればたしかに大変な旅だったと思うけれど、同時にとても贅沢な旅でもあった。だって、そんなにもたくさんの時間を旅に費やせたのだから。今なら東京から大阪まで2時間半もあれば行けてしまうけれど、その旅では道中がカットされてしまっている。

もちろん僕たち現代人が、彼らと同じように旅をするのはちょっと敷居が高い。しかし、だからといって歩く旅をあきらめてしまうのももったいない。別に家から歩き出さなくてもいいのだ。交通機関を活用して目的地まで行き、そこから歩き出すだけでも豊かな時間は十分味わえる。

徒歩旅行の一番のメリットは、なんといっても自由であること。道端になにか気になるものがあったら、いつでも立ち止まれるし、いつでも歩き始められる。道草食べ放題。このへんは電車やバスに乗った旅ではできない芸当だ。

そんなことばかりしていたら、いつまでたっても予定の場所に着かない？　たしかにスケジュールは大切だ。しかし極端な話、旅を途中で切り上げちゃってもいいのだ。徒歩旅行にはそれができる。さすがに登山道のような場所ではそういうわけにはいかないが（本書にも少しだけ含まれている）、それ以外なら途中で路線バスに乗っちゃうこともできるし、なんならタクシーを呼んでもいい。もともと歩いて旅する予定だったコースの一部。タクシーを利用しても運賃はさほどではない。徒歩旅行にはそんなエスケープも全然ありなのだ。

ゴールの街に着いたら、地元の食堂や酒場探し、銭湯探訪といった「街探検」にシフトできるのも徒歩旅行の魅力のひとつ。クルマが入れないような路地裏に潜り込んで、地元の人たちに愛されている店を見つけたときには、思わず顔がこやけてしまう。ビールを飲んでも、あとは電車に乗るだけなのでオッケー、まるで問題なし。

もちろん、徒歩旅行にもデメリットはある。目的地までの交通手段を事前に調べておく必要があるし、なにより自分の足で歩かなければならないので、「歩くのが嫌い」なひとの食指は動かないかもしれない。ただ、そういうひとはきっと「徒歩」を移動手段としてだけ考えているのではないだろうか。

徒歩旅行にとっては、歩きも目的のひとつ。つまりはちょっと長めの散歩だ。自宅を出て近所の商店街を冷やかし、公園を抜けてカフェでひと休みして自宅に帰る。そんないつもの散歩パターンの起点と終点をちょっと変えてみるのだ。まずは交通手段で移動して、そこからは見知らぬ土地を歩き出すのが徒歩旅行。それだけのことで、新しい世界が目の前に現れる。

準備が大変と思うかもしれないが、別に本格的な登山をするわけではないので、仰々しい道具は必要ない。大切なのは快適に歩くためのシューズと、コースを見誤らないための地図くらいだ。

シューズは履き慣れた歩きやすいものならなんでもよいが、ウォーキング用やトレイルランニング用のものなら長時間歩いても疲れにくいし、防水透湿性素材を用いたものなら夏場でも蒸れにくく、多少の雨なら防いでくれる。靴のなかを濡らしてしまうと、不快なだけでなく、マメができやすくなるのだ。

地図に関しては、最近はスマホやタブレットを簡易ＧＰＳとして利用できる。自分がどこにいるかわからなくなったときでも、「ここですよー」とちゃんと教えてくれるのだ。紙の地図と違って拡大縮小も思いのままで、老眼気味の身には助かる。便利な世の中になったものである。

ただし、ご存じの通りデジタルデバイスにはバッテリー切れや通信圏外のリスクもある。バックアップのバッテリーを用意するのはもちろん、紙の地図も併用しておきたい。まあ、人が生活している場所なら、いざとなれば道を尋ねることもできるのだけれど。

食事に関しては、現地で偶然出会った安くて美味い食堂に入るというのが理想だが、意外と油断ならないのが、多くの食堂が採用している午後2～5時くらいの「中休み」。そして半日のスケジュールだと、このタイミングにぶつかることがけっこうある。ときには飲食店がまったく見あたらないことも。そんなときのために、おにぎりや飲み物を「非常用食料」として用意しておくと空腹に泣かずにすむ。非常時がなかったときは、帰りの電車で食べればいい。暑い時期は熱中症対策で水分を多めに用意し、逆に寒い時期は保温ボトルに熱いコーヒーなどを入れておくと心強い。

あとは気候の変化に備えて、傘やレインウェア、そして季節によってはコンパクトに収納できる防寒防風ウェアを用意。

さあ、それらをデイパックに詰めれば準備は完了だ。見知らぬ街を一歩一歩踏みしめながら、好奇心の赴くままに鵜の目鷹の目で旅してみよう。

目次

天下大将軍

地下女将軍

第2章　乗り物も楽しむ徒歩旅行

第3章　地形を体感する徒歩旅行

第4章　自然を満喫する徒歩旅行

第5章　不思議を探る徒歩旅行

第6章　街を漂う徒歩旅行

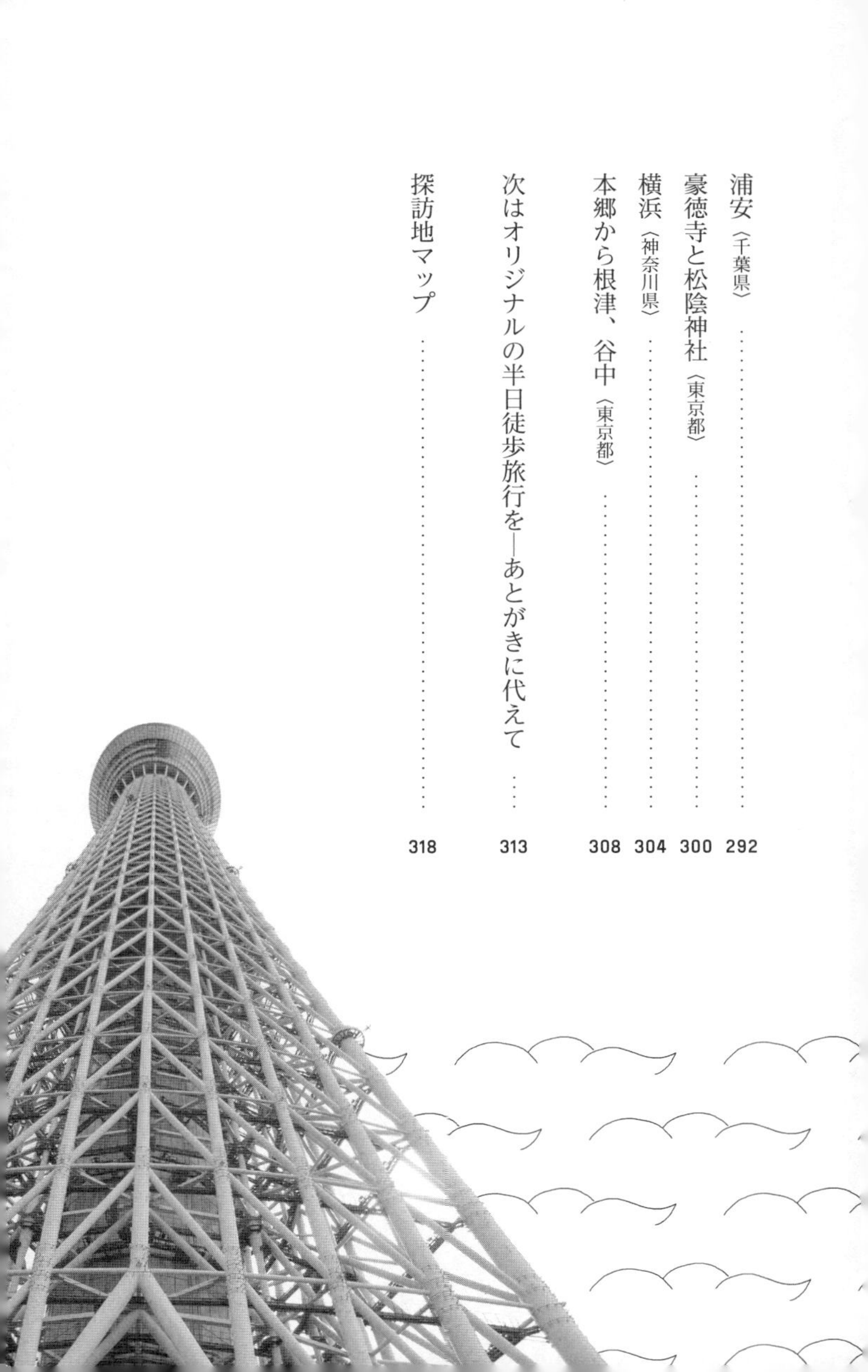

アートディレクション・
デザイン・イラスト
吉池康二（アトズ）

写真・編集
佐藤徹也
稲葉 豊（山と溪谷社）

第1章

時代を感じる徒歩旅行

遺跡、寺社、歴史的古民家……。町や野山を歩いてみれば、そこには時代の痕跡が転がっている。そんな歴史の断片を拾い集めながら、徒歩旅行に出かけてみよう。

発見された当時は、「100年に一度の大発見」といわれた金錯銘鉄剣。そこに秘められた謎はいまだに全解明はされていない。行田のさきたま史跡の博物館では間近で見学できる

江戸東京たてもの園

えどとうきょうたてものえん

東京都

江戸時代から明治、大正、昭和と、東京の建物を時間旅行

江戸東京たてもの園は、訪ねるたびに新しい建物が移築されていたりして、何度行っても飽きることがない僕の定番スポット。まずはここから歩き始めよう。ＪＲ武蔵小金井駅から小金井街道をまっすぐ北へ向かうと、やがて玉川上水を小金井橋で渡って五日市街道と交差する。そこを右へしばらく歩けば江戸東京たてもの園の入口が見えてくる。手前には広い芝生が広がり、その先に大きな建物がひとつあるだけなので、一瞬「これだけ？」と勘違いしてしまうが、もちろんそんなことはない。正面に見える寺院のような建物はあくまでも入口。そこを抜けた先に幾十もの歴史建造物が移築保存されているのだ。

東京が江戸と呼ばれていたころから、この都市は火事や地震、戦災、都市開発などで、年月を重ねた価値ある建造物を失ってきた。ここは、幸いにもそんな惨禍から生き延びた

これが「田園調布の家」。大正末期に田園調布で建てられたもの。今となってはぜいたくな平屋で、なおかつ全室洋間。現代でも生活しやすそうな居住空間で、一番のお気に入りだ

建物を移築保存することを目的に作られた公園だ。街中でまれに見かける、明治、大正、昭和期の建造物をまとめて見られるのだからたまらない。

入場券と引き替えにもらったパンフレットを片手にさっそく園内へ。入ってすぐ目の前に延びる山の手通りには、各時代の住宅が並んでいる。西麻布から移築された三井家の当主・三井八郎右衛門の邸宅や、ときの宰相・高橋是清の家など、その重厚なつくりには圧倒されるし、明治時代にドイツ人建築家によって建てられた3階建ての洋館などは、あの時代にすでにこんな建物がと驚かされる。

この公園の魅力のひとつには、こうして

千住から移築されてきた銭湯「子宝湯」。東京に暮らしていると気づかないが、こういった宮造り様式の銭湯というのは、実は東京独特のものなのだそうだ。これは昭和4年に建てられたもの

移築された建物の多くに、実際にお邪魔できるというのがある。実際に入ってみて、当時ここに住んでいた人の気持ちになってみるのも一興だ。ただ、個人的にはついつい「こんな広い家、掃除どうすんの？」と貧乏根性が先に立ってしまい、あまり落ち着かないのも正直なところ。その点、「田園調布の家」と呼ばれる、大正に建てられた和洋折衷様式の住宅などは、こぢんまりしているわりには暮らしやすそうで、「住むならここだな」と勝手に物件成約を決める。

そこから西の奥へ進むと、今度は江戸時代に建てられた茅葺きの農家や同心が暮らした建物が現れる。ここではスタッ

フのかたが実際に、囲炉裏で炭を熾していて、煙の匂いが現実味を際立たせる。もっとも、この作業は単にパフォーマンスというばかりでなく、屋根に葺いた茅を燻すことによって、虫を防ぐための作業でもあるのだそうだ。「でも虫は防げるだけど、カラスにはさっぱりでね」と、囲炉裏に座っていたおじさんは弱り顔で話す。いにしえの技も万能というわけではないらしい。

そこから一転。今度は東側へ進むと、昔の文具屋や醤油屋、旅館などの商家が建ち並ぶ一角に辿り着く。ただ復元されているだけでなく、当時並べられていたであろう商品のレプリカが陳列されてい

こちらは台東区下谷から移築されてきた居酒屋「鍵屋」。建物自体は1856年に建てられたものらしい。常連客が暖簾をくぐって訪れそうな雰囲気を今も残す。営業してほしい！

るのも楽しい。そして一番奥に鎮座するのが、足立区千住から移築されてきた銭湯『子宝湯』。もちろんここも内部に自由に足を踏み入れることができる。つまり全男子憧れ（僕だけか？）の女湯にも、堂々と入ることができるのだ。そんな浅はかなスケベ心は置いておいても、女湯の脱衣場には赤ちゃんの体重を量るためのゆりかご式体重計があるなど、男湯では知り得なかった事実とも出会える。

子宝湯の隣りには台東区下谷から移築されてきた居酒屋『鍵屋』が並んでいる。この建物は1856（安政3）年に建てられたもので、1970（昭和45）年のころの様子を再現しているのだとか。店内には当時の品書きなども忠実に再現され、今にも「はい、熱燗一丁！」なんていうきっぷのよい声が聞こえてきそうだ。もし現実にこんな銭湯と居酒屋が並んでいたら、絶対毎晩ハシゴしてしまうことだろう。

これ以外にも万世橋に建てられていた交番や、当時の看板建築をそのままに残す生花店など興味は絶えないが、あまり赴くままに観てまわるとけっこう歩くことになり疲れてしまうのも事実。そんなときは、当時の建物をそのまま使ったカフェやうどん屋も営業しているので、そんなところでひと休みするのもお勧めだ。

江戸東京たてもの園を後にしたら、そのまま来た道を戻ってもよいが、単なる往復だと

花小金井の駅前方面にまっすぐ延びている水道道路。その名の通り、下には水道用の輸送管が埋設されている。歩行者・自転車専用道路なのでのんびりと歩くことができる

いまひとつ旅気分に欠けてしまう。ここは隣接の小金井公園を抜け、西武新宿線の花小金井駅まで歩いてみることにしよう。距離的にもさほどでないし、駅手前には東西にまっすぐ延びる歩行者用の水道道路も延びていて、ここを歩くのも気持ちよい。

DATA

⦿モデルプラン：JR中央線武蔵小金井駅→江戸東京たてもの園→小金井公園→水道道路→西武新宿線花小金井駅
⦿歩行距離：約5km
⦿歩行時間：約2時間
⦿アクセス：起点の武蔵小金井駅へは、中央線快速で新宿駅より約25分。終点の花小金井駅からは、急行で高田馬場、西武新宿駅へ約25分
⦿立ち寄りスポット情報：江戸東京たてもの園＝小金井市桜町3-7-1。℡042-388-3300。9:30～17:30（10～3月は～16:30）。月曜（祝休日の場合翌日）、年末年始休館。一般400円

さきたま古墳群と忍城

さきたまこふんぐんとおしじょう

埼玉県

古代史の謎に迫り、『のぼうの城』の舞台となった城址へ

埼玉県行田市。これまでの人生で行ったことがあるのは一度だけ。当時、僕は埼玉県に住んでいて、小学校の社会科見学でさきたま古墳群と利根大堰に連れていかれたのだった。そのときはさきたま古墳よりも、生まれて初めて見る大河・利根川の規模のほうが印象に残っていた気がする。

その行田がここ数年、ずいぶんと知名度を上げている。まずは小説にして映画化もされた『のぼうの城』。これによって石田三成の大軍を打ち破った行田の忍城が大きくクローズアップされた。さらにはこちらも小説からテレビドラマ化もされて人気を博した『陸王』。経営に苦しむ行田の足袋会社が、裸足感覚で走れるマラソンシューズの開発に打って出るという話だ。さきたま古墳群から『のぼうの城』を経て『陸王』へ。断片的とはいえ、お

秩父鉄道の熊谷駅で購入したきっぷは、なんと硬券だった。もちろん、有人改札でパチンと鋏（はさみ）を入れてもらう。最近は、近距離の乗車できっぷを買うこと自体が珍しくなってしまった

よそ1300年にわたる歴史がこの街で紡がれていることになる。これは行ってみるしかない。

起点となるのは秩父鉄道の行田市駅。JR高崎線の熊谷駅から3つ目だ。熊谷で乗り換えるときに券売機が混雑していたので有人窓口できっぷを購入すると、出てきたのは最近ではすっかり珍しくなってしまった硬いきっぷ、硬券だ。もちろん改札も昔ながらの有人改札で、いきなり旅気分が盛り上がる（単純）。

行田市駅を出たら南へ。国道125号線を西に向かってしばらく歩くと、やがて左手に白い天守閣が見えてくる。おお、これがあの忍城かと感動するが、もちろ

忍城をモチーフにした行田市郷土博物館の御三階櫓（おさんがいやぐら）。お堀を橋で渡って入るのもテンションが上がる。内部には、忍城をはじめとして行田の歴史に関するものが展示物されている

んこれは後世に復元されたもので、内部は行田市郷土博物館になっている。ここには城主・成田氏がこの地を治めていた戦国時代の資料はもちろん、近代に入って日本一の足袋生産地となった時代（最盛期には全国8割のシェアを誇っていたのだそうだ！）、さらには遡って古代のこの地の暮らしを示すさまざまな発掘品が展示されている。御三階櫓と呼ばれるお城の最上階の窓からは赤城山がはっきり見え、埼玉とはいえもはや群馬県とは眼と鼻の先ということがわかる。

忍城から忍城通りを南東方面に歩いていくと水城公園に出る。大きな沼を擁するこの公園は、もともとは忍城の外堀だ

ったものを利用して作られたそうで、さらには忍城に隣接している市役所付近も、埋め立てられる前は忍沼と呼ばれる沼だったとのこと。当時の忍城は別名「浮き城」とも呼ばれていたそうだが、まさに水に囲まれて見えたことだろう。現在の水城公園は地元太公望の憩いの場所になっているようで、僕が見ている目の前でも、おじさんが尺はあろうかという大きなマブナを釣り上げていた。

水城公園から南東にまっすぐ延びる県道を行けば、やがてさきたま古墳群に着く。周囲の風景は単調でちょっと退屈してしまうところだが、歩道はしっかり整備されているのでのんびりと歩こう。前

さきたま古墳群のひとつ、将軍山古墳は全長90mにも及ぶ大きな前方後円墳。内部に入れるようになっており、発掘当時の石室の様子が再現されている。副葬品として多数の武具や馬具も確認できる

方にこんもりと広がった緑が見えてくれば、そこが古墳公園の入口だ。

　このルートでいくと、併設されている『さきたま史跡の博物館』の裏手から入っていくことになるので、まずはここで予習をしておこう。さきたま古墳群といえばまっ先に出てくるのが、稲荷山古墳から発掘された副葬品の鉄剣。国宝にも指定されている金錯銘鉄剣（きんさくめいてっけん）で、それはこの博物館に展示されている。

　鉄剣に書かれた銘文によると、この古墳が造営されたのは5世紀後半。そこにはヲワケという人物の出自が綴られていて、それによるとヲワケの一族は代々雄略天皇の親衛隊長のような役職を担って

丸墓山古墳の頂上から北西の方向を望むと、博物館の御三階櫓がしっかりと確認できた。忍城に攻め入ろうとした石田三成も、ここから同じ光景を見たのだろうか

さきたま古墳群で最大規模を持つ稲荷山古墳。5世紀後半につくられたとされ、この古墳群のなかでも最も古い。国宝に指定された金錯銘鉄剣はここから発掘された

いたらしい。このことから当時のヤマト王権の勢力が、関東地方にまで延びてきていたことを証明するという説もある。この剣が発掘された1968年（昭和43年）当時には100年に一度の大発見と大騒ぎなったそうだ。ちなみに実際にこの古墳に埋葬されていたのがヲワケ本人なのかはまだ確定されてはおらず、そのあたりもこの時代の神秘性を感じさせる。

古代史に対するテンションを高めたところでいよいよ古墳へ。稲荷山古墳はいわゆる前方後円墳と呼ばれる鍵穴状の形をしており、現在はその上部を歩けるようになっている。長さ約120m幅約70m、高さ11mにわたる巨大な古墳を、当

時どうやって造ったのだろうか。博物館の計算によると1000人の人間がこの造営に携わっても5年以上はかかるとされ、しかしそのわりには、当時それだけの人が暮らしていた遺跡が見つかっていないというのも謎のひとつだ。

この古墳群のなかでもうひとつ訪ねてみたかったのが、丸墓山古墳と呼ばれる円墳だ。こちらは古墳そのものの由来もさることながら、『のぼうの城』の舞台でもあり、石田三成が忍城を攻める際にここに陣を張ったという事実が興味深い。古墳の頂上に登って忍城方面を見やれば、たしかに今もそこに先ほどの天守閣を視認することができた。

しかしこれらの古墳が造営された時代も、副葬品として武器が発掘されることから、決して平和ではなかったことがうかがえるが、それから1000年以上の後に、あろうことかその墳墓の上で戦をされるとは先人も夢にも思わなかったのではなかろうか。

さてさて、古墳公園でちょっと時間を使いすぎてしまったが、今日はもうひとつ目的があった。ドラマ『陸王』に登場したロケ地探訪である。もちろんこのドラマは行田市内の各地でロケが行われていて、これまでに歩いた、忍城、水城公園、さきたま古墳公園なども随所に登場するのだが、やはり主人公たちが勤める会社「こはぜ屋」の外観としてたびたび登場した「イサミコーポレーションスクール工場」は見ておきたかった。こちらは現役で稼動中なので見学はもちろん外観のみだが、それでも木造、木枠窓の、昔の木造校舎のような工場が趣満点だ。

ドラマのスタッフたちはこの建物を見つけ、そしてロケに使えたときはうれしかっただろうな。そんなことを考えながら、静かな街並みを抜けて駅へ向かった。

ドラマ『陸王』のロケにも用いられた「イサミコーポレーションスクール工場」。あの作品に思い入れのある人は少なからずいるようで、この日も聖地巡礼と思しき人がちらほら

DATA

⊙モデルプラン：秩父鉄道行田市駅→行田市郷土博物館→水城公園→さきたま史跡の博物館→さきたま古墳公園→イサミコーポレーションスクール工場→行田市駅

⊙歩行距離：約9km

⊙歩行時間：約3時間

⊙アクセス：行田市駅へは、JR上野駅から高崎線で熊谷駅まで約1時間10分。そこから秩父鉄道で約8分

⊙立ち寄りスポット情報：行田市郷土博物館＝行田市本丸17-23。℡048-554-5911。9:00～16:30。月曜、祝日の翌日、第4金曜、年末年始休館。大人200円。さきたま史跡の博物館＝行田市埼玉4834。℡048-559-1111。9:00～16:30(7、8月は～17:00)。月曜(祝日の場合翌日)、年末年始休館。一般200円

小江戸・川越

こえど・かわごえ

市民たちが守った蔵造りの景観を訪ね、三代将軍家光ゆかりの寺院へ

埼玉県

近場の観光地というのは、行きそうで意外と行かないものだ。東京で長年暮らしていても、用事でもないかぎり浅草や横浜といった場所とはなかなか縁がない。

埼玉県の川越もそんな場所のひとつで、以前から「小江戸」と呼ばれていることは知っていたが、わざわざ行くような場所なのかなと半信半疑でもあった。ところが先日、愛知県に住むお義母さんから「川越に旅行に行ったのよ」という話があり、いつのまにか川越はそんな全国区になっていたのかと驚き、さっそく出かけてみることにした。

起点となるのは西武新宿線の本川越駅。といってもこれはたまたま僕にとってアクセスがよかっただけで、川越にはほかにもＪＲや東武東上線も通っているのでお好みで。

本川越駅の北から東西に延びる東照宮中院通りを東に向かい、次の交差点を左に入る。

川越といえば蔵造りの街といわれるくらい、街中には数多くの蔵造り建築が残る。しかもただ保存してあるだけでなく、実際に営業を続けている商家が多いのもうれしい

周囲には早くも川越の代名詞ともいえる蔵造りの店が点在、土産物屋などもあって観光地感を醸し出している。

実際、こういった街並みは地方都市を歩いてもたまに見かけることがあるのだが、たいていは軒を閉ざしていて生活感が感じられなかったり、あるいはいかにも観光地でございといったハリボテ感を感じてしまうことが多い。

しかし、ここの街並みは「実際に人が生活している」印象がとても強い。居並ぶ店も観光客向けのものだけでなく、米屋や酒屋、本屋といった地元向けのものを売る店も、昔ながらの蔵造りで営業を続けている。

駅直近からはじまる「大正浪漫夢通り」。かつてはアーケードがかけられた商店街だったが、平成に入って御影石の石畳や電線の埋設などをはかり、大正から昭和初期の商家を引き立たせている

それまでの道が突き当たりになったら、クランク状に道を曲がってその名も「蔵づくりの街並み」と呼ばれる通りに入ると、その傾向はさらに顕著になる。重厚感のある蔵造りの街並みに加えて、大正から昭和初期と思しき洋館建築もポツポツと混じり、平日にもかかわらず多くの観光客がねり歩いている。なかでも大沢家住宅と呼ばれる建物はこの街並みのなかでも最も古く、建てられたのは1792年（寛政4年）だそうだ。

ちなみにこの通りを歩いていてなんだか妙に空が広いなと思ったのだが、その理由はすぐにわかった。電柱がまったく見あたらないのだ。電線をすべて地下に埋設しているのだろう。また、その通り沿いに今まさに新築中の家が一軒あったのだが、その家も周囲と同様、昔ながらの木造建築で建てられつつあったことから、景観維持に並々ならぬ意欲をそそいでいることがうかがえる。

そもそも、川越の街並みが維持されることになったきっかけは、昭和50年代に高層マンションが乱立し始めたことに対する住民たちの危機感だったという。その運動がやがて行政をも動かし、街並みを保存。その成果は、国による「重要伝統的建造物保存地区」や「都市景観大賞」受賞に結実した。

通りから右手にやや入ったところには、

川越のシンボルともいえる「時の鐘」。三層構造で高さは約16m。最初につくられたのは江戸時代だが、その後何度か火災により焼失。現在のものは4代目で、明治期に再建されたもの

川越の街並みのシンボルともいえる「時の鐘」が建っている。三層式で高さは約16m。これは今から４００年ほど前に、川越藩の領主によって建造されたもので、今でも1日に4回、市民に時を告げているのだそうだ。

蔵造りの街並みは、「札の辻」と呼ばれる交差点で終わる。そこからは道を右折して、川越のもうひとつの歴史遺産である本丸御殿を目指す。途中車道沿いになんとも風情のある銭湯を発見。幸いなことに時間は3時を過ぎており、すでに営業を始めている。休憩がわりにここでひと風呂浴びていくことにする。

窓を広くとった浴室は外光がたっぷり入って気持ちがよく、歩いてきた疲れも霧散する。帰り際に、番台に座っていた親父さんに話を聞いてみると、この銭湯ができたのは今から75年前。なんと太平洋戦争中だ。川越にはこんな銭湯が何軒あるのか尋ねてみると、

「多いときはね、20軒近くあったんだけど、今じゃうちが最後の1軒になっちゃったよ」

……。当たり前といえば当たり前だが、残されるものがあるいっぽうで、消えていくものもあるのだな。

お風呂で気分一新したところで本丸御殿へ。これはかつて川越に建っていた川越城の遺構の一部で、本丸の大広間が現存しているのは、ここ以外には高知城のみという貴重なも

本丸御殿の縁側では和服姿の女性がくつろいでいた。やはりこういった伝統的な建物には着物がよく似合う。ちなみにこの縁側の内側は、当時家老たちの詰所だったそうだ

の。内部の見学も可能で、長い板張りの廊下を歩いていると、あたかもその時代へタイムスリップしたかのようだ。

本丸御殿からは三代将軍徳川家光、そして春日局ともゆかりの深い寺院・喜多院でお参りをすませて駅へ戻ろう。本川越駅までは歩いて10分ほどの距離だ。

DATA

⊙モデルプラン：西武新宿線本川越駅→大正浪漫夢通り→蔵造りの街並み→時の鐘→本丸御殿→喜多院→本川越駅
⊙歩行距離：約4.5km
⊙歩行時間：約2時間
⊙アクセス：本川越駅へは高田馬場または西武新宿駅から急行で約1時間。東武東上線川越市駅、JR川越線川越駅も利用可
⊙立ち寄りスポット情報：川越本丸御殿＝川越市郭町2-13-1。☎049-222-5399(川越市立博物館)。9:00～17:00。月曜(休日の場合翌日)、第4金曜、年末年始休館。一般100円

鎌倉大仏と銭洗弁財天

かまくらだいぶつと
ぜにあらいべんざいてん

神奈川県

大仏と銭洗弁財天をつなぐ、鎌倉の小さな尾根道を歩く

都心から日帰り可能な観光地として、国内はもちろん、最近は海外からの旅行者にも人気が高い古都・鎌倉。たしかに見どころも多く、飽きさせない街ではあるいっぽう、その至便さが仇となって、休日はもちろん平日でも人気スポットは大勢の人であふれかえることが多い。こうなると、楽しみよりも先に雑踏に疲れてしまうのもたしか。そこでここでは、鎌倉のメインスポットを訪ねながらも、自然豊かな裏山をのんびりと散策するコースを歩いてみよう。

スタートは江ノ島電鉄の長谷駅。そして長谷駅といえば鎌倉大仏だ。まずは大仏さまが鎮座する高徳院を目指そう。駅からは長谷通りを北上すること10分ほど。この通りには飲食店も軒を連ねるので、あらかじめ、ここで食事をとっておくのもいい。高徳院から先し

洋の東西を問わず、海外からの多くの観光客で賑わう高徳院の鎌倉大仏。もともとは大仏殿に安置されていたものが、室町時代、地震と津波によって、大仏殿は倒壊してしまったという説がある

ばらくは、飲食店はおろか店自体と出会えなくなる。

　鎌倉大仏は、台座を含めた高さが約13m、重量は121トン。そのお姿は鎌倉時代の代表的な仏教彫刻様式とされ、国宝にも指定されている。鎌倉観光の象徴的な存在だ。現在は年月の経過を感じさせる鈍色（にびいろ）の大仏さまだが、建造当時は全体に金箔が貼られていたそうで、その痕跡はいまも右頬のあたりに残っているとのことなのだが、注意力が足りないせいだろうか、今回は残念ながら確認できなかった。

　大仏さまをお参りしたら、駅から歩いてきた通りをそのまま先へ進んでいく。

葛原岡・大仏ハイキングコースは、取り付き以外はこんな平坦な小径が続く。尾根道なので、樹木の合間からは海や鎌倉の街も遠望できる。地元の人はもちろん、観光客にも愛される散歩道だ

やがて大仏隧道というトンネルが現れるが、その手前からトンネル上部へと向かう登山道があるのでここを登っていこう。「葛原岡・大仏ハイキングコース」と呼ばれるこのコースは、歩きはじめこそグイグイと標高を上げていき、こんな坂道、歩き続けられるだろうかとちょっとたじろぐが、一度尾根筋まで上がってしまえばそこからはのんびりと歩ける平坦な道が続く。尾根とはいっても、その標高自体も70mほどだ。

尾根は多くの樹木に囲まれており、夏はこの樹木たちが格好の日陰をつくってくれるいっぽう、葉が落ちた冬場は、場所によっては材木座海岸も遠望できる。

まるで異界へとつながっているような趣を持つ銭洗弁財天の入口。弁財天の周囲は険峻な崖に囲まれており、このトンネルの向こう側に境内や社殿が広がっている

枝のすき間からは鎌倉の閑静な住宅街が顔をのぞかせている。

　このハイキングコースは地元住民の絶好の散歩コースにもなっているようで、着の身着のままの鎌倉っ子たちものんびりと散策を楽しんでいる。途中、「毒蛇に犬がかまれました」という注意書きを見かけて、ちょっとびっくりしたが、そこには「CAUTION VIPER」と英語でも併記されているあたりが、国際観光都市・鎌倉らしい。幸運にも？　実際に見かけることはなかったが。

　やがて周囲にぽつんぽつんと住宅が現れ、それまで土の道だった登山道が舗装路に変わると、今回訪ねるもうひとつの観光スポットである銭洗弁財天まではすぐの距離だ。

　ここで、弁財天へ右折する道をそのままやり過ごして少し歩くと化粧坂(けわいざか)が現れる。化粧坂は、鎌倉時代からあった鎌倉へ入るための数少ない古道のひとつ。新田義貞はここから攻め入ることができずに稲村ヶ崎から鎌倉に入ったといわれるが、現在も残るその厳しい地形を見るや、それもさもありなんと思ってしまう。

　さて銭洗弁財天である。ここの正式名称は銭洗弁財天宇賀福神社。源頼朝が見た夢にしたがってここで湧き水を発見。そこに宇賀神を祀ったのが始まりなのだそうだ。周囲を崖に囲まれており、崖に穿たれた隧道を通って境内に入っていくのだが、これがいかにも異界への通路のようで期待感も高まる。

　銭洗弁財天の名の通り、ここより湧き出る水でお金を洗えばお金が増えるという、ちょっと俗世的な言い伝えがあり、参拝者の多くが神社で借りたザルに財布のお金を入れて洗っている。なかにはお札をジャブジャブと洗っている人もいて、破けてしまわないのか見ているほうがハラハラしてしまう。その光景は外国人にとってもかなりエキゾチックなのだろう。彼らも見よう見まねでお金を洗って楽しんでいる。

　ここの境内には冷たい飲み物や軽食を出す茶屋も併設されているので、ここまでの山道

銭洗弁財天の奥宮には洞窟があり、そこから湧き出る清水でお金を洗うと増えるといわれている。この日も老若男女問わず、大勢がお金を洗っていた。お金、大事だよね

歩きの疲れをゆっくりと休めるのもいいだろう。

銭洗弁財天からは、住宅街のなかを抜ける舗装路を下っていけばやがて鎌倉市役所通りに出る。これを左に向かえば、観光客で賑わうゴールの鎌倉駅まではあとちょっとの距離だ。

DATA

⦿モデルプラン：江ノ島電鉄長谷駅→高徳院（鎌倉大仏）→葛原岡・大仏ハイキングコース→銭洗弁財天→JR横須賀線線鎌倉駅
⦿歩行距離：約4.5km
⦿歩行時間：約2時間
⦿アクセス：長谷駅へは、まずはJR東京駅から東海道本線で大船駅へ約40分。そこから横須賀線で鎌倉駅へ約7分。さらに江ノ島電鉄で約5分。小田急線で藤沢に出て、そこから江ノ島電鉄に乗り継ぐ手もある
⦿立ち寄りスポット情報：高徳院＝鎌倉市長谷4-2-28。℡0467-22-0703。8:00～17:30（10～3月は～17:00）。一般200円

高麗の里

こまのさと

埼玉県

大陸文化の名残を辿り、巾着田でのんびりとなごむ

埼玉県日高市の西部に、「高麗」という聞くからにエキゾチックな地名がある。最近は高麗にある巾着田（きんちゃくだ）も、観光スポットとしても知られるようになってきた。そんな高麗の里を歩きながら、地名の由来などを辿ってみよう。

西武秩父線の高麗駅を降り、改札に出るといきなり現れるのが「天下大将軍」「地下女将軍」と書かれた、トーテムポールのような一対の巨大な構造物。これは将軍標と呼ばれるもので、朝鮮半島に見られる魔除けのための境界標なのだそうだ。高麗という地名、そして将軍標と、少しずつ由来を表すピースが繋がっていく。

線路際の小さな踏み切りを渡ってしばらく車道を歩くと、右手の細い道に巾着田への指導標があったのでそちらへ。道はやがて水天の碑と呼ばれる立派な石碑につきあたり、そ

高麗駅の改札を出ると迎えてくれるのがこの将軍標。魔除けの意味合いがあり、朝鮮半島では村落の入口に建てられることが多いという。将軍標は高麗神社にも立てられていた

の先に高麗川が姿を現す。水天の碑というのは、度重なる洪水を鎮めるため、天保時代に建立されたもの。石碑越しの高麗川は、そんな暴れぶりなど想像できない穏やかな流れだ。眼下に魚道が設けられていて、水面上に出ている部分だけを飛び石伝いに歩けばそのまま対岸まで渡れそうだったが、万一しくじって下半身水浸しにしてしまったら、いきなりテンションはだだ下がりだ。ここはちゃんと先にある鹿台橋（ろくだいはし）まで迂回して川を渡る。

　川を渡ったところが巾着田。高麗川はここで大きく蛇行しており、その蛇行部分の内側を田畑として利用している。名前の由来はまさにその姿が巾着袋に見え

標高305mの日和田山から巾着田を望むと、ギリシャ文字の「Ω」状に高麗川が大きく湾曲している様子がよくわかる。内側は肥沃な土壌が蓄積されているのだろう。昔から農作が盛んだ

ることから。現場にいるとなかなかその様子は確認しづらいが、ほど近くにある標高300mほどの日和田山山頂から望めば、その姿は一目瞭然だ。

今日、巾着田は曼珠沙華の一大群生地として知られており、秋には多くの人が訪れる。この曼珠沙華は植えたものではなく、河川の氾濫などで土砂と一緒に流されてきた球根がこの湾曲部に流れ着き、それが自然繁殖したものらしい。洪水がその地を豊かにする。歴史の授業で習った「エジプトはナイル川のたまもの」ということばを思い出す。秋以外にも、巾着田には桜や菜の花、コスモスなどが咲き誇るそうだ。

巾着田は、その内側沿いにいくつもの遊歩道が整備されている。ぐるりと回って再び巾着袋の締める部分まで辿り着くと、「あいあい橋」という日本最大級の木造トラス橋を渡って巾着田とはお別れ。

渡ったところには古い公民館の建物を利用した高麗郷民俗資料館があり、入場無料ということもあってつい寄り道したのだが、これが正解。当初から興味があった高麗という土地、地名についてわかりやすく解説されていた。

話は7世紀にまで遡る。当時、高句麗、新羅、百済という三国で戦乱の時代にあった朝鮮半島は、唐が新羅に荷担したことにより戦況は一変。百済、そして高句

巾着田の内側には幾本もの遊歩道が整備されていて、季節に応じてさまざまな花が咲く。河原へのアクセスも容易で、キャンプやバーベキューを楽しむ人も多い

麗も滅亡。このとき、高句麗から日本へ逃げ延びた者たちが少なからずいたのだそうだ。そして、そんな帰化人をこの地に移住させ、高麗郡を置いたことが高麗という地名の始まりとのこと。このとき帰化人を率いていたのが、高句麗の王族だった高麗王若光。そしてこれから向かう高麗神社は、この若光を祀った神社だ。

資料館からしばらく車道沿いを歩いていくと向かいからおばちゃんの3人組がハイキングの格好で歩いてきた。ははーん、僕が歩いている逆コースを行くんだなと思ったら、僕とすれ違う直前で右手への細い路地へ入ってしまった。なぬ。そんなとこ行ったら道に迷うよと声をかけようとしたら、その分岐にはしっかりと巾着田を指示する指導標が。なんと間違えたのはこちらのほうであった。クルマの往来が多い車道を歩かなくても、こんな小径があったのである。がっくり。

やがて辿りついた高麗神社は、想像していたよりもはるかに規模が大きくて驚く。立派な神殿があって、平日にもかかわらず参拝客も多い。聞くところでは高麗神社は出世明神としても知られ、ここを参拝した政治家の多くが総理大臣にまで登り詰めたらしい。裏手には代々神職を勤めてきた高麗氏の茅葺き住宅がそのまま保存されていて興味深い。

僕もここで軽くお祈りをすませたら、あとはゴールの八高線高麗川駅を目指すだけ。帰

高麗神社は、高句麗から移り住んだ人々の長であった高麗王若光（こまのこきしじゃっこう）を崇めたことに端を発する。代々若光の子孫が宮司を務めており、現宮司は60代目にあたるそうだ

り道沿いに朝採れタケノコの無人販売所があったので、箱に２００円を投入、リュックにスポンとタケノコをさして、明日はタケノコごはんかななどと考えながら家路につく。この日、三度目となる高麗川を橋で渡ると、たもとからはカジカガエルの美しい声が響いていた。

DATA

⦿モデルプラン：西武池袋線高麗駅→巾着田→高麗郷民俗資料館→高麗神社→JR八高線高麗川駅
⦿歩行距離：約6.5km
⦿歩行時間：約2時間30分
⦿アクセス：高麗駅へは、池袋駅から西武池袋線にて飯能まで約50分。そこから西武秩父線へ乗り継ぎ約8分。終点の高麗川駅からは西武秩父線の東飯能駅まで八高線で約6分。そこから飯能駅までは西武秩父線でひと駅。歩いてもさほどの距離ではない
⦿立ち寄りスポット情報：高麗郷民俗資料館＝日高市大字梅原2。📞042-985-7383。9:00～17:00。月曜（祝日の場合翌日）、国民の休日、年末年始休館。無料

おもちゃのまちとおもちゃ博物館

おもちゃのまちと
おもちゃはくぶつかん

東京下町からおもちゃ会社が、集団移転した街を訪ねる

栃木県

初めて鉄道時刻表のページをめくったのは中学1年生のとき。同時に読みかたを覚え、巻頭にある路線図を眺めながら、あれやこれやと卓上旅行の楽しみも知った。そしてそんなとき、関東地方の路線図を見ていて一番気になったのが「おもちゃのまち」という駅名だった。中学一年くらいだとまだ「おもちゃ」という言葉に惹かれるものがあったのだろう。果たして「おもちゃのまち」とはどんな街なのか。調べてみるとそこには「おもちゃ博物館」なるものもあるらしい。あのころの謎を確かめるため、その街を訪ねてみた。

おもちゃのまち駅があるのは東武宇都宮線だ。栃木駅から約15分。小さな駅舎を出ると、そこには「おもちゃのまち」を表現した立体作品が飾られていた。駅周辺には「○○マート おもちゃのまち店」「おもちゃのまち整体院」など、駅名なのだから当たり前といえば

おもちゃのまち駅周辺には、当然、おもちゃのまちにちなんだ店が数多くあった。はじめての人間には軽いカルチャーショックだが、地元の人にとっては当たり前の光景なのだろう

当たり前だが、「おもちゃのまち」を冠したお店が目立つ。常識的に考えればとてもメルヘン感あふれるネーミングが、ごく普通の日常に入り込んでいるというなかなかシュールな光景だ。

　駅からおもちゃ博物館までは広い車道を歩くこと約30分。駅を出てしばらくすると、いきなり周囲は田園風景に変わる。やがて「壬生（みぶ）総合公園」という、広大な敷地を持つ公園に到着。おもちゃ博物館はそのなかにあるらしい。園内を少し歩くと左手に西洋のお城を模した建物が現れる。これがおもちゃ博物館だ。

　1階には小さな子どもたちが実際に身体を使って遊べる体感型のおもちゃがず

らりと陳列され、これを見たときには「ちょっとお門違いの場所に来ちゃったかな」と危惧したが、2階へ上がるとその思いは払拭。そこにはまさに「昔、子どもだった人」が懐かしさのあまりむせび泣くようなおもちゃが膨大に展示されていた。ブリキ製のロボットや飛行機といった、僕らよりさらに上の世代が遊んだであろうものから、超合金やリカちゃん人形といったまさにストライクのおもちゃ、人生ゲームなどのボードゲームもずらりと並んでいる。実際には友だちが持っていたり、CMで見ただけのものがほとんどなのだが、それでもこれらを眺めていると、当時の記憶が鮮やかに蘇ってくるから不思議である。

もうひとつ。訪ねる前から疑問に思っていた「おもちゃのまち」という駅名の由来についても、ここで知ることができた。もともと戦後日本のおもちゃ産業は、葛飾区や墨田区といった東京の下町が基盤だったのだそうだ。しかし次第に都心の土地が高騰したこともあって規模の拡大が困難に。いくつかの移転地候補があったなかで、最終的にこの地・栃木県壬生町が選ばれたのだという。ちなみに「おもちゃのまち」というのは単なる愛称ではなく、れっきとした地名。実際に駅周辺の住所は「壬生市おもちゃのまち○丁目」となっている。おもちゃ工場の移転に併せて地名も変更したのだ。そして東武線のおもちゃのまち駅も、これら一連の動きに伴って新設された駅なのであった。

西洋のお城のような外観を持った壬生町の「おもちゃ博物館」。飛行機や自動車のおもちゃからさまざまなボードゲームまで、各世代にとっての懐かしおもちゃがズラリと並ぶ

子どものころ、時刻表で偶然見つけた駅にこんな物語があったとは。ちょっと感慨深いものを感じながら、おもちゃ博物館を後にする。

同じ道を戻るのが味気ないという向きには、畑のなかを1時間ほど歩けば、隣りの国谷駅も十分徒歩圏内だ。

DATA

⊙モデルプラン：東武宇都宮線おもちゃのまち駅→壬生総合公園→おもちゃ博物館→東武宇都宮線国谷駅
⊙歩行距離：約6km
⊙歩行時間：約2時間
⊙アクセス：おもちゃのまち駅へは、まずは東武スカイツリーライン浅草駅から栃木駅へ。特急利用なら約1時間10分。栃木駅からは東武宇都宮線で約22分。終点の国谷駅からは東武宇都宮線で栃木駅まで約20分
⊙立ち寄りスポット情報：壬生町おもちゃ博物館＝下都賀郡壬生町国谷2300。☎0282-86-7111。9:30～16:30(8月は～17:00)。月曜(祝日の場合翌日)、年末年始休館(8月は無休)。一般600円

顔振峠と風影

こうぶりとうげとふかげ

美しい名を持つ集落と、明治維新の歴史を刻む峠道へ

埼玉県

美しい地名、というのがある。音の響きだったり、漢字の当てかただったり、その理由はさまざま。雫石（しずくいし）や月夜野（つきよの）、美瑛（びえい）、そのものずばり美ヶ原（うつくしがはら）なんていうのもある。東京から半日程度でそんな美しい地名の場所を訪ねられないかと、地図を眺めつつ見つけたのが「風影」という地名。風の影。美しくもあり、禅問答のようでもある。こういうときは、あまり下調べをしないほうが楽しい。調べるとあとはただの確認作業になってしまうからね。

起点となるのは西武秩父線の吾野（あがの）駅。地図によると1時間ほど歩いたところに風影という集落はある。山懐に向かって延びる舗装路を、エッチラオッチラと上っていく。最初は周囲を樹林が囲んでいたが、次第に空が広くなってくる。そしてポツリポツリと民家が現れてきた。どの家もみんな大きい。ここが風影だろうか。やがて現れた比較的小さな家の

高台から風影集落を俯瞰する。日当たりのよい山の南側に、点々と住宅が建ち並ぶ。斜面を利用した畑を耕していた。昔は養蚕業も盛んだったらしい

前に「風影公会堂」という札が立てられているのを発見。ここが風影だと確信する。後ろにひかえる尾根まではあと少しの距離。集落全体が日当たりのよい南向立地で、畑作も行われている。なんだかのんびりとした穏やかな集落だ。

畑仕事中のおじさんがいたので話しかけてみる。まず教えてもらったのが、この地名の読みかた。それまで僕は勝手に「かぜかげ」と読んでいたのだが、「ふかげ」と読むのが正解。家がみんな大きいのは、かつてこの集落では養蚕が盛んで、そのためのスペースとしてどの家も三階建てにしていたとのこと。そもそも吾野駅からここまで僕が歩いてきた車道

も、開通したのは昭和40年ころのことらしく、それまでは細い山道でしか下界とはつながっていなかったのだとか。

風影という地名の由来については、くわしいことはわからないとはいうものの、「ここはどうも平家の落人がつくった集落らしいから、なんか関係あるのかもなあ」という話。平家の落人伝説は全国にあまた伝えられているが、この集落から尾根筋まで上がったところには顔振峠という峠があり、そこには、平安時代に源義経と武蔵坊弁慶が奥州に逃れる際に、顔を振り返り振り返りしながらこの峠を越えたという伝説が残っている。そんな伝説を聞くと、平家の落人伝説もたしかに説得力のようなものを感じてしまう。

おじさんにお礼を述べて、その顔振峠まで登りつめる。そこだけは今でも登山道のままだった。尾根沿いには舗装路が延び、峠には茶屋が何軒か営業していたので、そのうちの一軒でひと休み。「イノシシそば」というイノシシの肉が入ったそばをいただき、眺めのよい窓辺に座る。窓から奥武蔵の山々、そして向かいに建つ平九郎茶屋が見える。

この顔振峠は義経の伝承より約700年の後、再び時代の舞台に上がる。ときは明治元年、当時の日本経済の立役者である渋沢栄一の養子・渋沢平九郎は幕府側につき、飯能で官軍と激突。敗れた平九郎はこの顔振峠を越えて落ちていった。実際にここより30分ほど

風影からつめ上がった顔振峠には車道が通っていて、何軒かの茶店があった。そんななかの一軒で「イノシシそば」をいただく。たっぷりのイノシシ肉と柚子の皮がポイント

北に下ったところには、「渋沢平九郎自刃の地」の碑も立っている。

さてこの先どちらに進もうか。平九郎を追って越生（おごせ）に出るもよし。東に向かってこの界隈のもうひとつの謎地名「ユガテ」を目指すもよし。そばをすすりながら、地図と景色とをにらめっこした。

DATA

⊙モデルプラン：西武秩父線吾野駅→風影→顔振峠→黒山→(バス)→東武越生線越生駅

⊙歩行距離：約5.5km

⊙歩行時間：約2時間30分

⊙アクセス：起点の吾野駅へは、まずは池袋駅より西武池袋線で飯能駅へ約50分。そこから西武秩父線に乗り継いで約25分。西武新宿または高田馬場駅から西武新宿線を利用、所沢で乗り換える手もあり。顔振峠から北側の黒山に下山した場合は、黒山からバスで越生駅まで約30分。越生駅からは東武東上線坂戸駅で乗り継いで池袋駅まで約1時間10分

日本民家園

にほんみんかえん

神奈川県

日本中から移築した古民家で、誰もがみんな帰省気分？

子どものころ、夏休みに級友が「田舎に帰る」と、うれしそうにしていたのがうらやましかった。当時、僕は東京で父方の祖父母と同居していたし、母方の祖父母宅は自分の家よりも都会で、どう考えても「田舎に帰る」感はなかった。広い庭の前に延びる縁側、井戸水で冷やされたスイカ……。ステレオタイプといえばそれまでだが、たしかに憧れの光景。そんな「現実にはなかった」田舎を訪ねに、川崎の日本民家園へ向かうことにした。

小田急線の向ヶ丘遊園駅から生田緑地を回り込むように南下すると、広い車道はそのまま生田緑地のゲートとなり、そのすぐ先が民家園の入口だ。

日本民家園は１９６７年（昭和42年）に開園した古民家の野外博物館で、川崎市の公共施設だ。川崎市をはじめとして日本各地に残されていた古民家を移築復元して展示してい

重厚な茅葺き屋根を持つ江向家住宅。18世紀初頭に建てられたこの家は富山県の五箇山地方から移築された。内部は3階建てになっており、2階3階は養蚕に使われていたそうだ

るもので、その数は20軒を越えている。世界遺産にも登録されている岐阜県白川郷の合掌造り民家のような古民家界(?)の横綱級から、多摩川に実在した渡し船の船頭小屋のような変わり種まで、バリエーションはさまざま。奥へ進むごとに古民家が次から次へと現れる。

「古民家」とひと言でいうと、『まんが日本昔話』に登場するようなものをイメージしてしまうが、現物を眺めると、日本各地ごとの気候や用途に合わせ、実にさまざまであることがわかる。

そしてそのなかには、僕が里帰りしてみたかった妄想上の田舎もあり、それは神奈川県秦野から移築されてきた「北村

家住宅」。住居と縁側は障子で仕切られ、その先は庭。茅葺きの屋根は縁側先にも大きく延びている。こんな田舎で、ランニング一丁でカブトムシ捕りをしたかったなあ。

ここで展示されている古民家は、どれも住居そのものはもちろんのこと、周囲の環境とも相まってなんともいえない雰囲気を醸し出している。はじめはどうしてそう思えるのか不思議だったのだが、歩いているうちに気がついた。この民家園は生田緑地の斜面に作られており、斜面の高低差や周囲の樹木などを巧みに利用して、それぞれの世界観が干渉し合わないようになっているのだ。建物がたくさん並んでいるとはいっても、街中の住宅展示場のような無粋感がないのもそのためだろう。

そしてもうひとつ思ったのは、どの家も室内をのぞくと陰翳のコントラストが絶妙だということ。昔の日本の家はどれも夏の過ごしやすさが優先され、風通しよく作られているといわれているが、それが窓から入ってくる日差しと奥の暗い場所との間に、美しいモノトーンの空間を産み出している。一度でいいからこんな家で暮らしてみたいものだ。もちろん、その構造から考えると冬はとても寒いのだろうが。

民家園のなかを歩いているだけで、気がつけば2時間近い時間が経っていた。そのまま来た道を戻るのも芸がないので、そこからは枡形山へ登る。山といっても標高は84m。遊

日本の古民家に足を踏み入れると、室内には絶妙の陰翳空間が広がっているのがわかる。これは長野県の南佐久郡から移築されてきた佐々木家住宅。もとは名主の家だった

歩道を10分も歩けば頂上だ。ここには鎌倉時代、枡形城と呼ばれる山城があり、鎌倉防衛の一翼を担っていたという伝説がある。山頂の展望台に上がり、遠く秩父や丹沢の山々を望みながら、今度はそれらの山々の麓で現役で頑張っている古民家を訪ねたいものだと考えた。

DATA

⦿モデルプラン：小田急小田原線向ヶ丘遊園駅→日本民家園→枡形山→向ヶ丘遊園駅
⦿歩行距離：約4キロ
⦿歩行時間：約2時間30分
⦿アクセス：向ヶ丘遊園駅へは、新宿駅より小田急小田原線で約20分
⦿立ち寄りスポット情報：川崎市立日本民家園＝川崎市多摩区枡形7-1-1。📞044-922-2181。9:30～17:00（11～2月は～16:30）。月曜、祝日の翌日、年末年始休園、臨時休園あり。一般500円

青梅

おうめ

街並み、鉄道、映画看板で、昭和の匂いに浸る

東京都

東京の奥座敷・奥多摩の玄関口でもある青梅。山歩きの行き帰りに寄ることはあっても、この街だけをじっくり訪ねる機会というのはあまりなかった。近年、「昭和」という時代を前面に出して売り出し中のこの街を、あらためて歩いてみよう。

スタートはもちろんJR青梅線の青梅駅。通常は立川駅での乗り換えになるが、中央線青梅特快を利用すれば一本でも来られる。ホームに降りてまず目に入るのが木造の待合室。適度にくたびれた感じが再現され、駅からして昭和感を漂わせている。改札へは地下通路で渡るのだが、その通路には懐かしい手書きによる映画看板がいくつも掲げられている。『鉄道員』『旅路』『終着駅』といったタイトルは、いかにも駅ならでは。

駅を出て南に下るとすぐに青梅街道に出るのでそこを左へ入る。通り沿いには懐かしい

青梅街道沿いに建つ「昭和レトロ商品博物館」。その建物からして昭和のレトロ館が満載だ。この建物は、もともとは家具屋だったものを改装してつくられたとのこと

戸建ての商店がいくつも並んでいて、それらの店ごとにさまざまな手描きの映画看板が掛けられている。小津安二郎監督の『晩春』、西部劇の傑作『シェーン』、ビビアン・リー主演の『哀愁』……。観たことのある映画、ない映画を懐かしく眺めていると、ほどなくして現れたのが『昭和レトロ商品博物館』。ここは昭和期に大量生産されたさまざまな商品やそのパッケージを集めた博物館で、タバコや歯磨き粉といった、日常で誰もが目にしつつもやがて消えてしまったものが「無造作に」といってもよい密度で展示されている。なかにはレモン石鹸や牛乳瓶のフタなど、小学校でよく見かけたものも。

そういえば、小学生のときに牛乳瓶のフタを集めたものだが、あれはいったいどこに消えたのか。

昭和レトロ商品博物館に隣接するのが『青梅赤塚不二夫会館』。ここは昭和を代表するギャグ漫画家だった赤塚不二夫の作品を収蔵した美術館で、『天才バカボン』『おそ松くん』『ひみつのアッコちゃん』など、彼の代表作品の原画やそれにまつわるグッズを数多く展示している。なかには、バカボン家の茶の間を再現した部屋も。あらためて思えば、先の三作品はいずれも平成の世になってからもリメイクや映画化されていることに気づく。赤塚作品偉大なり。

僕たちの小学生時代、学校給食の牛乳はビンで、紙のフタで閉じられていた。このフタを集めてメンコのようにしてよく遊んだ。地味ながらも楽しかった時代。写真は昭和レトロ商品博物館の展示物

店先に吊された衣料品、懐かしい手描きの映画看板。その横を歩くランドセルを背負った下校中の小学生。たしかにどこか昭和を感じさせるような風景が、青梅の街にはあった

『青梅赤塚不二夫会館』からさらに進んだ向かいには立派な大鳥居があり、その先の長い石段を登ると鎮座しているのが青梅の鎮守様である住吉神社だ。毎年春に行われる例大祭には山車の巡行もあり大変な賑わいを見せるそうだが、この日は静かに佇んでいるのみ。

神社でお参りをして裏参道から抜けると、跨線橋で青梅線を渡る。そこからジグザグの車道をしばらく登っていけば現れるのが青梅鉄道公園だ。ここは大規模な鉄道レイアウトや、写真による鉄道発達史などが展示されている鉄道博物館。みどころはやはり広い敷地を利用して保存されている実車両だろう。数々の蒸気

機関車や青梅線がオレンジ色になる前に走っていたチョコレート色の電車、そしてまだ団子っ鼻だった新幹線も並んでいる。新幹線は実際に乗車することも可能で、自分が初めて新幹線に乗ったころはこんな様子だったかと懐かしく振り返る。

　ここまで来たらあとは青梅駅に戻るだけだが、鉄道公園入口にあった周辺地図を見ると、隣りの東青梅駅までも意外と近い。入場券売り場のおじさんに尋ねてもたいした距離ではないとのこと。ならばもうひと歩きして、まだ見ぬ風景を眺めつつ家路につくとしよう。

青梅鉄道公園に展示されていたクモハ40054。チョコレート色の車体にどこか懐かしさを感じたのだが、解説を読むと同形式の電車は1978年まで青梅線でも走っていたらしい。乗ったことがあるのかも

DATA

⦿モデルプラン：JR青梅線青梅駅→昭和レトロ商品博物館→青梅赤塚不二夫会館→住吉神社→青梅鉄道公園→JR青梅線東青梅駅

⦿歩行距離：約3km

⦿歩行時間：約1時間30分

⦿アクセス：青梅駅へはJR中央線快速で立川駅へ約36分。そこから青梅線でさらに約32分。東青梅駅からは立川駅まで約26分

⦿立ち寄りスポット情報：昭和レトロ商品博物館＝青梅市住江町65。☎0428-20-0355。10:00～17:00。月曜（祝日の場合翌平日）、年末年始休館。一般350円。青梅赤塚不二夫会館＝青梅市住江町66。☎0428-20-0355（昭和レトロ商品博物館と同じ）、10:00～17:00。月曜（祝日の場合翌平日）、年末年始休館。一般450円。青梅鉄道公園＝青梅市勝沼2-155。☎0428-22-4678。10:00～17:30（11～2月は～16:30）。月曜（休日の場合は翌日）、年末年始休館。一般100円

第2章

乗り物も楽しむ徒歩旅行

ローカル線にロープウェイに渡し船。そんなちょっと楽しい乗り物が、実は徒歩旅行によく似合う。うまく組み合わせてダイナミックな旅に出かけてみよう。

小湊鐵道の飯給駅で降りてみると、駅のすぐ先に小さな神社があった。神社まで歩いてみて鳥居越しから無人のホームと待合室を振り返る。次の電車はまだ当分やってこない

矢切の渡しと柴又帝釈天

やぎりのわたしと
しばまたたいしゃくてん

千葉県
東京都

江戸川を渡って柴又へ。
僕も「寅さん」になりたい

映画『男はつらいよ』の舞台としても知られる葛飾柴又・帝釈天。最近では日本人のみならず海外からの観光客も多いという。参道で草団子を食べて、帝釈天をお参りして、江戸川で矢切の渡しに乗って……。帝釈天ツアーの定番コースだ。だが、このコースでひとつだけ気になるのが、矢切の渡しを往復で利用してしまう人が多いこと。それじゃあ渡し船じゃなくて、ただの遊覧船になってしまう。

もちろん、その気持ちもわからないでもない、参道でのお買い物を帰りに考えている人もいるだろうし、なにより松戸側に渡ってしまうと駅が遠くなる。最近は土日のみに一日数本とはいえ松戸駅までのバスも出るようになったが、それでもまだまだ不便。

思えば、あれは『男はつらいよ』の第一作目だったか。寅さんは故郷・柴又に渡し船で

矢切の渡しは乗客が集まるのを待つでもなく、僕を乗せるとすぐに出航してくれた。渡し船は、移動の手段として乗ってこそ初めてその旅情を味わえる、ような気がする

帰ってきていた。京成線の柴又駅から歩いてくればすぐなのに、あえて渡し船で帰ってきた寅さん。おそらく成田山あたりで商いがあって、その帰りに旅情を感じたくて船で江戸川を渡ったのだろう。そんな寅さんの心意気を感じたくて、渡し船で帝釈天を目指す徒歩旅行に出かけることにした。

起点となるのは北総線のその名もずばり矢切駅。JR松戸駅からというルートも考えたのだが、こちらは最短距離でも徒歩1時間ほどかかるうえ、クルマの往来が多い水戸街道沿いを歩くことになって、いまひとつ風情に欠ける。その点、矢切駅からなら30分ほどだし、途中からは千葉の田園地帯を歩くことができて気持ちがよいのだ。

　矢切駅を出たら少し松戸街道を歩いて西へ。江戸川方面を目指す。しばし続いた住宅もすぐに消え、折り返すように坂を下れば周囲にはキャベツやネギ畑、そして水田が広がる。田園のなかには「野菊の道」と呼ばれるフットパスも設定されているので、これを利用するのもいいだろう。ちなみに野菊の道というのは、この地を舞台にした伊藤左千夫の小説『野菊の墓』にちなんだもの。さきほど下ってきた坂道の途中には『野菊の墓』文学碑というのもあった。

　やがて目の前に江戸川の土手が見えてくるので、これを越えて河川敷を少し歩けば矢切の渡しの船着き場だ。船にはとくに時刻表があるわけではなく、乗客が待っていればたとえひとりでも出航してくれる。渡し賃はおとなひとり200円。子どもは半額。乗り込んだらすぐに出航だ。船にはライフジャケットも用意されているので、万が一を考えて着用しておこう。なにせ江戸川の水深は6m以上あるらしい。

　船は江戸川を斜めに横切るように対岸へ。川面を流れてくる風が心地よい。思わず鼻歌も出るところだ。細川たかしの『矢切の渡し』でもよいが、ここはやっぱり『男はつらいよ』のオープニングに流れる「プアー、プパパパパパァーン」というほうが気分。

渡し船を下りて柴又側の江戸川土手へ。この土手も映画の寅さんシリーズでは何度も登場した定番の場所だ。河川敷は、さまざまなスポーツ競技用に整備されていた

やがて柴又側の船着き場が近づいてきて、数分間の船旅は終了。そこから斜面を上がれば、これまた『男はつらいよ』のオープニングでお馴染み。寅さんが、カップルやら日曜画家やらにちょっかいを出してひと悶着あるあの土手だ。

土手を越えたら、そのまま帝釈天を目指してもよいが、その前に『葛飾柴又寅さん記念館』にちょっと寄り道。ここにはシリーズを通して使われた撮影道具はもちろん、名シーンの回想コーナーもあり、そしてなによりもの見どころは、実際に映画で使用された柴又の草団子屋「くるまや」のセットがそのまま大船撮影所から移築されてること。店内の椅子

大船の撮影所から、葛飾柴又寅さん記念館内に移築された『男はつらいよ』シリーズに登場する「くるまや」のセット。奥からタコ社長が「まいっちゃったよ！」と顔を出しそう。©松竹株式会社

に座って、放浪から帰ってきた寅さん気分に浸るのもいいだろう。

　さて、なんちゃって寅さんになったところで帝釈天のお参りである。帝釈天は江戸時代初期に開かれた日蓮宗のお寺。当時から庚申参りのお寺として賑わったらしい。とくに帝釈堂の前面に彫られた浮き彫りの彫刻は見事で、これは仏教説話を表しているのだそうだ。御利益は、開運をはじめ病気快癒、恋愛成就など多岐にわたっている。

　お寺をあとにしたら、あとはいよいよ参道歩きのお楽しみ。ここは当然草団子を注文したいところだが、喉が渇いているのも事実で、となればビール。しかし

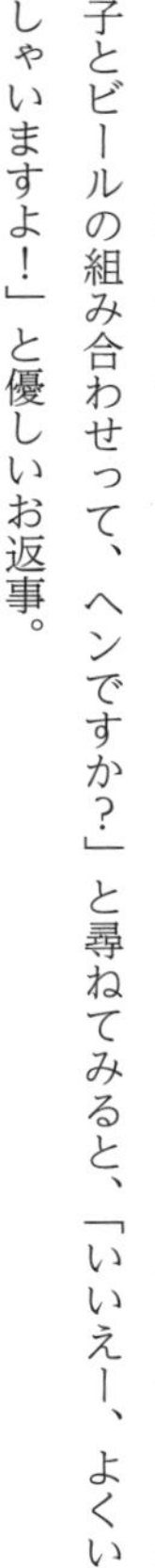

我ながらこの組み合わせはいったいどうなのだと思い、いちおう、お店のお姉さんに「草団子とビールの組み合わせって、ヘンですか?」と尋ねてみると、「いいえー、よくいらっしゃいますよ!」と優しいお返事。
安心して頼んで、この旅の締めとすることにした。

今日も篤い信仰を集める柴又帝釈天。年に数度ある庚申の日は縁日が立ち、大いに賑わう。草団子にくず餅、おせんべいといった、昔ながらのご当地名物も楽しみたい

DATA

◉**モデルプラン**：北総線矢切駅→江戸川→矢切の渡し→葛飾柴又寅さん記念館→柴又帝釈天→京成金町線柴又駅
◎**歩行距離**：約4km
◎**歩行時間**：約1時間半
◎**アクセス**：起点の矢切駅へは、上野駅から京成線で京成高砂駅乗換で約25分。終点の柴又駅からは京成線でJR金町駅まで約3分
◎**立ち寄りスポット情報**：矢切の渡し＝📞047-363-9357。10:00～16:00。3月中旬～11月は毎日運航(夏期は週一運休日あり)。12月～3月上旬は土日祝日のみ運航。荒天時運休。中学生以上200円。葛飾柴又寅さん記念館＝葛飾区柴又6-22-19。📞03-3657-3455。9:00～17:00。第3火曜(休日の場合直後の平日に繰り越し)、12月第3火水木曜休館。一般500円。柴又帝釈天＝葛飾区柴又7-10-3。📞03-3657-2886

とうきょうわんふぇりーと
のこぎりやま

千葉県
神奈川県

東京湾フェリーと鋸山

鉄道とロープウェイ、フェリーに乗って東京湾をぐるりと周回する旅

千葉県房総半島南部に位置する鋸山は、江戸時代から房州石と呼ばれる石材の産地として知られ、採石が終了した今日でも当時の様子をそのままに残している。山頂の標高は329mと、山としては低山だが、ほぼ海抜0mから突き上げられるように聳えるため、その高度感はなかなかのものだ。

とはいっても頂上までロープウェイが通っているので、それを使えば登頂はカンタン。今回はこの鋸山を極めたのちに、山頂からも臨める東京湾の対岸、久里浜までフェリーで渡るという、東京湾をぐるりと周回するような旅をしてみよう。

スタートはJR内房線の浜金谷駅。駅から国道に出て10分ほどで、鋸山ロープウェイの山麓駅に着く。往復ともにロープウェイに乗ってしまうのは、徒歩旅行としてはちょっと

山麓駅と山頂駅を約４分で結ぶ鋸山のロープウェイ。もちろんロープウェイ内からの展望も抜群だ。通常は15分間隔での運転だが、混雑状況によってはもっと間隔をつめることも

味気ないので、今回は登りで利用することにした。

ロープウェイに乗ってしまえば山頂駅まではわずかに4分。あっけなく到着だ。ただしロープウェイの常として強風には弱く、ここも風速15mを越えると運休の可能性があるらしい。天候によっては、事前に運行状況を確認したほうがよい。

山頂駅から展望台、そして鋸山山頂もすぐの距離だ。ここではまず絶景を堪能しよう。天気がよければ三浦半島はもちろん、その先の富士山、洋上には伊豆大島も遠望できる。眼下に見える漁村と海、周囲の緑とのコントラストも美しい。

景色を楽しんだあとは、鋸山の南側斜

面に広がる日本寺を参拝しよう。拝観料を払って敷地内へ入ると、網の目のように歩道が延びている。そして山腹だけあって、どの道も基本登りか下り。平らな道が少ない。まずは地図をしっかり確認して歩くコースを決めないと、いたずらに登り下りを繰り返して体力ばかり消耗することになる（僕のことだ）。

九十九折りの階段をどんどんと下っていくとやがて現れるのが大きな石大仏。総高30mを越えるこの大仏の原型は江戸時代の天明3年につくられたのだが、江戸末期に崩壊。それを昭和44年に復元したのだそうだ。

ここから別の階段道を登り返すと、途中で千五百羅漢を経由。汗をかきかき長い階段を登りつめるとやがて「地獄のぞき」に至る。地獄のぞきは、絶壁の一部が中空に突きだしたもので、先端まで行くことができる。手すりがついているので安心といえば安心だが、自分の足元数m下にはなんにもないことを考えると。どうにも落ち着きが悪い。

なかなかのスリルを経験したら、最後はそこから少し下って百尺観音と呼ばれる磨崖仏（まがいぶつ）へ。これはその名の通り、高さ約30mにもおよぶもので、昭和35年から6年の歳月をかけて彫られたものらしい。もちろんこの磨崖仏も素晴らしいのだが、個人的にさらに魅力を感じたのがここへ至る切通の道。採石場時代に切り出されたその細い道は、左右がスッパ

日本寺の境内にある「地獄のぞき」。景色はよいが、足元の不安さもなかなかのもの。やはりひとりで来ていた青年と、お互いのカメラを預けて撮り合いっこした一枚

りと直線的に断たれ、高さは10m近くあるのではないか。長い年月によってコケやツタ、木の根などが絡まり、まるで遺跡のような趣だ。まあ、採石場跡なので産業遺跡という見かたをしてもいいのだろう。

百尺観音脇からは歩いて下る登山道が延びているので、復路はここを利用する。この道は採石場時代から使われていたもののらしく、房州石を刻んで階段状に加工してある部分が多いのだが、房州石というのは凝灰岩の一種で、柔らかいという特徴がある。そのため、階段のエッジの部分が摩耗して丸まっていて、そんなところを下っていくのはなかなか緊張感を

石切場の跡地に6年の歳月をかけて完成された磨崖仏「百尺観音」。何につけても、巨大であるということはそれだけで圧倒される。交通の安全を守ってくれるそうだ

強いられた。途中の分岐をちょっと入れば、現存する石切場跡も見学できる。

無事に金谷の町に降り立ったら、その足で東京湾フェリーの埠頭へ。この旅最後のイベント、フェリーで久里浜への小さな船旅だ。チケットを買って客室に向かうと、平日だというのに想像以上に乗客が多い。そういえば荷物置き場には大量のゴルフバッグが並べられていた。神奈川から千葉のゴルフ場へ出かける人にもこの航路は愛用されているようだ。

隣りに座っていたグループは、今回初めてフェリーを利用したのだろう。「こりゃ、ラクでいいや」と、ビール片手に歓声を上げている。それはそうだ。40分

ほど座っていれば神奈川県に着いてしまうのだ。そして船旅には、明るいうちから堂々とビールを飲んでいてもうしろめたさのない開放感がある。

「40分とはいわず、もう少し時間かかってもいいからね」

そんなことを思いながら、僕も売店へと足を向けた。

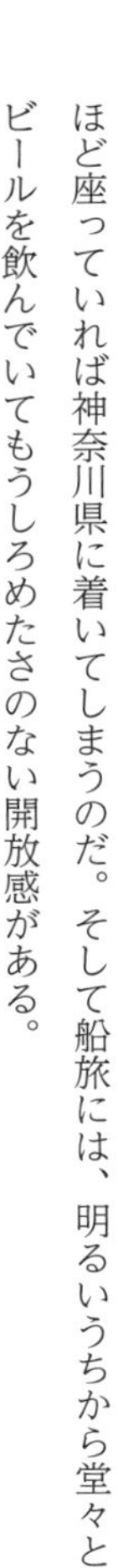

最後のお楽しみは金谷から久里浜へ、東京湾を横断する船の旅。湾内なので通常は波もおだやか。東京湾上で久里浜側から出港してきたフェリーとすれ違った

DATA

⊙モデルプラン：JR内房線浜金谷駅→鋸山ロープウェー→鋸山山頂→日本寺→地獄のぞき→百尺観音→東京湾フェリー→久里浜港→京急久里浜駅
⊙歩行距離：約6km
⊙歩行時間：約2時間半
⊙アクセス：起点の浜金谷駅へは、東京駅から総武線または京葉線と内房線を利用して約2時間。終点の京急久里浜駅からは快特で品川駅へ約50分
⊙立ち寄りスポット情報：鋸山ロープウェー＝富津市金谷4052-1。☏0439-69-2314。9:00～17:00（11月16日～2月15日は～16:00）。無休（荒天運休あり）。一般500円。日本寺＝安房郡鋸南町鋸山。☏0470-55-1103。8:00～17:00。一般600円。東京湾フェリー＝☏0439-69-2111（金谷）。無休（荒天運休あり）。6:20～19:30（片道約40分）。一般720円

ちょうしでんてつといぬぼうさき

千葉県

銚子電鉄と犬吠埼

関東地方最東端の絶景と、そのお膝元を走るローカル線

ＪＲ総武本線の終着駅である銚子駅。そこを起点にしてさらに東へ延びているローカル線が銚子電鉄だ。過去に何度も経営危機に見舞われたが、そのたびに乗り越えて今日も元気に運行中。とくに地元名産の醬油を用いた「ぬれ煎餅」の発売によって電車の修理代をまかなったというエピソードは、当時新聞などでも大きく報道された。現在はぬれ煎餅だけでなく、揚げ餅や鯛焼きなどの製造販売も手がけ、その収益は本業である鉄道のそれを大きく上回っている。

銚子から終点の外川までの路線距離はわずかに６・４㎞。往路はこれに乗って銚子電鉄を満喫し、復路は周辺に点在するさまざまな観光スポットに立ち寄りながら徒歩旅行で戻ってこよう。

銚子駅のホーム先端で発車準備中の銚子電鉄。ホームでは女性車掌と地元の人？が談笑中。大きな鉄道会社では最近あまり見かけなくなった光景が、ここにはまだあった

銚子駅でＪＲ総武本線を下車すると、同じホームの先端が銚子電鉄のホームにもなっている。改札はおろか券売機すらない。どうやってキップを買うのだろうと思ったら、電車に乗ってから車掌さんに申告して購入するのだった。

やがて電車はしずしずと出発。「ゴトンゴトン」という、最近の近郊電車ではあまり経験しない揺れ音とともに走り出したと思ったら、あっというまに次の駅である仲ノ町へ到着だ。６・４㎞の路線のなかに10駅もあるのだから、これぐらいの頻度で停まらないとバランス？がとれないのだろう。途中には無人駅も多く、そんなときは車掌さんがダッシュで駅舎

へ向かい改札を行っている。車内できっぷを売って、そのきっぷを駅で回収……。車掌さんは大忙しである。20分ほど乗ったところで終点の外川駅に到着だ。

関東地方の最東端まで来たのだから、まずは海を見にいきたい。駅から緩やかなカーブを描きながら港へと下る細道はなかなかにロマンチックだ。銚子は日本でも有数の水揚げを誇る漁港として知られているが、ここ外川港にも数多くの漁船が停泊している。本日の漁はもう終えたのだろう。漁港はひっそりとしていたが、たまたま歩いていたおじさんに話しかけたところ、この季節はキンメダイとアカムツがよく揚がっているそうだ。

銚子電鉄の終点·外川（とがわ）駅。木造平屋建ての駅舎は、1923年の開業当時のものを、修理を繰り返しながら今も使っている。ていねいに長く使われたものは、それだけで味がでるという好例

「地球の丸く見える丘展望館」から眺める風景。外川の集落の先には茫洋たる太平洋がどこまでも広がっていた。余談だが、銚子界隈はUFOの目撃報告が多いのも有名らしい

漁港からは台地を登り返して『地球の丸く見える丘展望館』を目指す。これは愛宕山頂上部に設けられた展望施設で、ここの屋上からは360度の大パノラマが見え、しかもそのうちの330度は水平線という、まさに地球の丸さを実感できる場所だ。西には延々と延びる屏風ヶ浦の断崖が、そして東側にはこれから目指す犬吠埼の灯台がちょこんと建っているのが見える。

犬吠埼まではキャベツ畑が広がるなかを歩く。そう、キャベツは魚と並んで銚子の名産品で、今では「灯台キャベツ」というブランドにもなっているのだ。

関東最東端に位置する犬吠埼、そして

そこに建つ犬吠埼灯台には、休日とあって多くの観光客が訪れていた。この灯台は、一般の人も上部まで上がることができるとあって人気が高いのだ。もともと銚子は漁業が盛んなことから多くの船舶が入港していたが、この海域には暗礁が多く遭難事故が絶えなかったのだそうだ。それを解消するために明治時代にこの灯台はつくられたのだという。灯台の入口には全国でも希な真っ白い郵便ポストが建っていて、もちろん現役。ここに郵便物を投函すると、通常の消印ではなく、犬吠埼の風景印を押印してくれるそうだ。

犬吠埼からは君ヶ浜沿いに遊歩道が延びているので、そこを歩いていこう。君ヶ浜の沖合には、海鹿島(あしかじま)という小島が見える。昔はアシカがいたのだろうかと思いながら眺めていると、いきなりその近くに黒い物体が姿を現してビックリ。まさかと思ったら、黒いウエットスーツを着たサーファーでした。そりゃそうだよね。

君ヶ浜が切れたあたりからは、内陸に向かって歩くとやがて銚子電鉄の海鹿島駅に出る。駅舎がぽつりとあるだけの小さな駅だ。この駅にかぎらず銚子電鉄の駅には個性的なものが多い。起点となった外川駅は木造の懐かしい駅だし、犬吠駅はポルトガルの宮殿のような駅舎で、壁にはアズレージョと呼ばれる絵タイルが埋め込まれている。電車に乗るだけでは、なかなかそんな魅力をじっくり観察することはできないので、ここからはそれぞれ

犬吠埼灯台は、灯台はもちろん、建物、塀、入口脇の郵便ポストにいたるまで真っ白。明治7年に完成したこの灯台は、国産レンガでつくられた初めての灯台なのだそうだ

の駅に立ち寄っていくのも楽しい。幸いにも海鹿島駅からは、線路を縫うようにして道が沿っている。

西海鹿島、笠上黒生（かさがみくろはえ）、本銚子、観音と駅は続き、次の仲ノ町駅で周囲を醤油工場に囲まれるようになると、ゴールの銚子駅まではもうすぐだ。

DATA

⦿**モデルプラン**：JR・銚子電鉄銚子駅→外川駅→外川港→地球の丸く見える丘展望館→犬吠埼灯台→海鹿島駅→銚子駅

◎**歩行距離**：約10km

◎**歩行時間**：約3時間半

◎**アクセス**：起終点の銚子駅へは東京駅より総武線、成田線を乗り継いで約2時間40分

◎**立ち寄りスポット情報**：地球の丸く見える丘展望館＝銚子市天王台1421-1。✆0479-25-0930。9:00〜18:30(10〜3月は〜17:30)。無休。一般380円。犬吠埼灯台＝銚子市犬吠埼9576。✆0479-25-8239。8:30〜16:00。無休(荒天中止あり)。一般200円

島村渡船と田島弥平旧宅

しまむらとせんと
たじまやへいきゅうたく

群馬県
埼玉県

小さな渡し船に乗って、世界遺産を見に行こう

2014年、群馬県の富岡製糸場およびそれに関わる絹産業遺跡群が、世界遺産に登録されたのはまだ記憶に新しい。実際に登録されたのは、日本の製糸業の礎となった富岡製糸場、冷涼な環境で養蚕期間の延長に成功した荒船風穴（あらふねふうけつ）、「清涼育（せいりょういく）」という養蚕技術を開発した田島弥平旧宅、そして養蚕学校を設立して技術の普及を図った高山社跡の4つ。

このうち富岡製糸場以外はなかなかアクセスが不便なのだが、そんななか、田島弥平旧宅には、徒歩に加えて渡し船を利用して訪ねるルートを発見、出かけてみることにした。

スタートとなるのは東武伊勢崎線の境町駅。小さな駅だが、各駅停車のほか特急「りょうもう」も停まるので、これを使うとアクセスがいい。駅周辺には商店等は見あたらないので、飲み物ほかはあらかじめ用意しておきたい。

一見、工事の仮設事務所のようにも思えたプレハブ小屋。これが渡し船の渡船夫詰所だった。通常、渡船夫はこちら側に常駐して、対岸から乗るときは、携帯電話または備えつけの旗を揚げて連絡する

駅からは利根川を目指してひたすら歩いていく。人はもちろんクルマもあまり通らない静かな道だ。小一時間歩くと前方に土手らしきものが見えてきたので、利根川到着かと思ったが、残念。それは手前にある広瀬川のものだった。そこからさらに歩いていくと、再び大きな土手が左手前方に見えてきた。今度こそ間違いないだろう。やがて、目指す「島村渡船」の指導標も現れてきてひと安心。

土手にあがると、突然目の前に利根川の滔々たる流れが広がった。さて渡し船はどこだと周囲をキョロキョロすると、土手上に一軒のプレハブ小屋を発見。こいつがさてはと思って近づけば、入口に

「利用するときには渡船夫に一声……」と書かれた張り紙があった。どうやらここが船頭の詰所らしい。ただ、誰もいないのが気にかかる。まだ運航時間は終えていないはずなのにと思ってもう一度、川面へ視線を移すと、対岸から小さな舟影が近づいてくるのが見えるではないか。ちょうど対岸へ渡っていたらしい。手前を見れば船着き場状に凹んだ岸もある。あそこで待っていればいいようだ。

やがてその渡し船は弧を描くような航跡を残しながら、見事な操船技術でぴったりと桟橋に接岸。利用者は僕ひとりのようでちょっと心苦しいくらい。備えつけのライフジャケットを身につけて、べ

利根川の広い川面を渡っていく渡し船。乗客は僕ひとり。船頭さんと自分だけでこの小さな船に乗っているという状況に、なんだかちょっと緊張してしまう

船の幅ギリギリしかない船着き場にぴったりと船を収める技術は見事のひとことと。川の流れも考慮しなければならないので、想像するよりはずっと難しいはずだ

ンチ状の椅子に腰をかければすぐに出航だ。エンジンをかけ、バックで桟橋を離れると、再び弧を描くように斜め前方の対岸桟橋を目指す。

どんな人が利用しているのか船頭さんに質問してみると、以前は小学生が通学に利用したりもしていたが、現在はほとんどが渡し船に乗ることを目的にやってくる、いわゆる観光客だそうだ。クルマで来て往復乗って帰っていく人もいるらしい。今は動力つきの船になったけれど、昔は竹竿で川底を突きながらふたりがかりで操船していたそうだ。

そんなことを話しているうちに船は無事対岸に到着。お礼をいって下船する。

こちら側では子連れの家族が待っていた。利根川が増水したり、極端に濁りが入っているときには運休することもあるらしい。ちなみに運賃はなんと無料。これはこの渡船航路が交通法的にはこの地域を管轄する伊勢崎市の市道扱いになっていることが理由らしい。

そして、土手を駆け上がってしばらく細い道を歩いたところに、この日の本来の目的である世界遺産『田島弥平旧宅』は現れた。前述の通り、田島弥平は明治時代に革新的な養蚕法である「清涼育」を確立した人物で、そのために自宅も独特の養蚕家屋に改造して実践、その方式は広く全国に普及することとなったのだそうだ。

現在もそれらの一部は残っていて、見学することもできるのだが、そのいっぽう、この世界遺産は今も個人住宅であり住人も居住しているという珍しいものなので、くれぐれも迷惑はかけないようにしたい。

さて無事に目的を達成したら、渡し船で来た道を戻ってもよいのだが、ここまで来たら、群馬県と埼玉県の県境は眼と鼻の先だ。埼玉県側に入って1時間強歩けば、JR高崎線の岡部駅。群馬県から埼玉県へとトラバースして徒歩旅行を完結させようではないか。

と、ここまで書いたところで、本書にまとめるにあたって渡し船を再訪したところ、なんと船着き場には「運休」の文字が。いったいどうしたのか伊勢崎市に確認してみる

こちらが世界遺産「田島弥平旧宅」。富岡製糸場の関連施設として、2014年に登録された。今も住民がここで生活しているという、ちょっと珍しい世界遺産。ご迷惑をかけぬように

と、2017年の台風によって利根川の河床が一部浅くなってしまい、運航できなくなっていたとのこと。それでも、2018年6月15日より無事運航再開にこぎつけたそうだ。ただし、10月中旬以降の運航スケジュールはまだ流動的のようなので、利用する場合は事前確認を。

DATA

⦿モデルプラン：東武伊勢崎線境町駅→島村渡船→田島弥平旧宅→JR高崎線岡部駅
⦿歩行距離：約10km
⦿歩行時間：約3時間
⦿アクセス：起点の境町駅へは、東武伊勢崎線特急で浅草駅より約1時間50分。終点の岡部駅からは、高崎線で東京駅まで約1時間30分
⦿立ち寄りスポット情報：島村渡船＝✆080-2677-8331。8:30〜17:00(10〜3月は〜16:30)、※2018年は10月中旬まで運航予定とのこと。田島弥平旧宅＝伊勢崎市境島村甲2243。✆0270-61-5924(田島弥平旧宅案内所)。9:00〜16:00。年末年始休館。無料

小湊鐵道と養老渓谷

こみなとてつどうとようろうけいこく

千葉県

超メジャーなマイナー鉄道で、房総半島の奇景を歩く

徒歩旅行の本でこんなことを書くのもなんだが、鉄道の旅も好きだ。できれば、のんびりと車窓の風景を眺めながらのローカル線の旅。誰に気遣いすることなく、眠くなったら居眠りして、喉が渇けばビールを飲む。ただ、残念ながら一日中鉄道に乗っているだけで満足するほどには、僕の血中「鉄」分濃度は濃くはないようで、やはり鉄道旅の先に目的がほしくなる。

そんなときに絶好なのが千葉県の小湊鐵道と、その先にある養老渓谷だ。いわずとしてれた小湊鐵道は、関東では超メジャーなマイナー（？）私鉄。五井駅から上総（かずさ）中野駅までの約30㎞。計18駅を1時間14分ほどで結んでいる。そしてその終着駅ひとつ前、養老渓谷駅からは長短さまざまなハイキングコースが設定されており、山歩きはもちろん、釣りや

夏休み中の小湊鐵道には観光客も多かった。小さな子どもを連れたお父さんは、この年齢から鉄道趣味の英才教育中だろうか。一両編成で、まもなく発車のベルが鳴る

川遊びも楽しめるのだ。

まずは五井駅で小湊鐵道に乗り換えることから徒歩旅行のスタートだ。ちなみに五井駅から養老渓谷駅までのきっぷを買うときには、往路と復路を別々に買うよりも、一日フリー乗車券を購入したほうが、ぐっとお得。また、JRと小湊鐵道を結ぶ跨線橋上では、おばちゃんがお弁当を手売りしていることが多く、これも見逃せない。コンビニ弁当よりも安価なうえ、沿線の郷土料理である「飾り巻き寿司」が売られていることもある。

小湊鐵道は、夏休み中ということもあってか平日にもかかわらずほぼ満席。親子連れや女の子同士の日帰り旅行、そし

て地元の子どもや年輩も多い。

五井駅を出発すると、周囲にはいきなり田園風景が広がる。気候が温暖でお米の収穫も早いのだろう。稲穂はすでにたわわに実って首を垂れている。路線は何度も縫うように養老川を渡る。両岸が護岸でなく、樹林が迫っているその様子を見た女の子たちが「アマゾンみたい！」と騒ぐのがかわいらしい。たしかに、最近の都心では自然の川岸を見ることは少ないかもしれないな。

途中には『となりのトトロ』が描かれた上総大久保駅や、田んぼのなかから数多くの案山子がお出迎えしてくれる飯給駅などが現れ、そのたびに子どもたちは大騒ぎだ。鉄道会社はもちろん、沿線の人々もこのローカル線を盛り上げているんだなあと、しみじみ考えているうちに養老渓谷駅に到着。さあ、徒歩の部開始だ。

駅の先にある踏み切りを渡り、線路に沿うように少し戻ったうえで南下する車道を歩いていくと、やがて宝衛橋という赤い橋で養老川を渡る。養老川は堆積岩層を削るように流れていることが多く、ここも河岸は深い崖になっている。この先で「養老渓谷」を指示する指導標に従って左に折れると、道は細くなり周囲には樹木が茂ってハイキングコースの趣になる。吊り橋で再び養老川を渡ると広い車道に出るが、これも少しの間。右手に立派

五井駅の跨線橋でおばちゃんが手売りしていたお弁当は、「飾り巻き寿司」だった。おばちゃんの手作りだろうか。飾り巻き寿司は、もともと千葉県で広くつくられている郷土料理

な二連太鼓橋の観音橋を見やれば、すぐに「中瀬遊歩道」という指導標が出てくるのでここを入れれば、気持ちのよい川沿いの小径の始まりだ。

道は、ときには水面のすぐ脇を、ときには高さのある崖の上を、そしてときには飛び石越しに対岸へ渡ったり戻ったりを繰り返す。途中に現れる弘文洞跡（こうぶんどうあと）という場所は、以前は支流の夕木川が隧道で養老川へ合流していたところだったらしい。しかし1979年に突如それが崩落。現在は深い廊下状の地形となっていて、これはこれで奇景といえる。

川の上流に共栄橋が見えてきたところで、そこから車道をしばらく歩くと、コース

現在では深い廊下状になっている弘文洞跡。以前は流路をショートカットする目的で、人工的にトンネル状に掘られており、その上に道も渡っていたのだとか。1979年の崩落でこの姿に

は奥養老バンガロー村のなかを抜ける。ここはたくさんのバンガローが建ち並ぶ大きな施設なのだが、この日は来訪者がないようで、森のなかで静かに佇むのみ。人っ子ひとりいないバンガロー村というのは、まるですべての人が立ち去ってしまった廃村のようで、ちょっとおっかなくもある。

バンガロー村から一度下ったら、その先は樹林のなかの長い登りを進み、やがて舗装路と合流してハイキングコースは終わる。この舗装路を右に向かって歩けば、来るときにも渡った宝衛橋が現れるので、この道が養老渓谷駅から歩き出したのと同じ道であることがわかる。ここ

中瀬遊歩道は、川沿いの小径を歩いていく。水は澄んでいて、ところどころで小魚が泳いでいるのが見える。周囲には樹木も多く、この時期は新緑が目にまぶしかった

まで来ればゴールはもうすぐだ。

さて。せっかく一日フリー乗車券を手に入れたのだから、帰りはそのまま戻るのはちょっともったいない。どこか風情のある無人駅でぶらりと降りてみようかな、などとあれこれ思いをめぐらせながら駅を目指した。

DATA

⦿モデルプラン：JR・小湊鐵道五井駅→養老渓谷駅→宝衛橋→中瀬遊歩道→弘文洞跡→共栄橋→奥養老バンガロー村→養老渓谷駅
⦿歩行距離：約7km
⦿歩行時間：約2時間半
⦿アクセス：起終点の五井駅へは、東京駅からJR京葉線または総武線から内房線を乗り継いで約1時間
⦿立ち寄りスポット情報：ハイキングコース沿いには商店等はほとんどないので、飲み物などは持参のこと

御岳山ケーブルカーと武蔵御嶽神社

みたけさんけーぶるかーと
むさしみたけじんじゃ

東京都

狼を祀る神社と、
御師たちが暮らす山上集落へ

御岳山といえば、高尾山と並んで東京至近のお手軽登山コースとして知られている。いずれも麓からケーブルカーが敷かれ、頂上近くまで簡単にアクセスできるという点でもよく似ている。ただし、高尾山はミシュランで星を取ったこともあってか、最近では平日でも人出が激しいのにくらべて、御岳山のほうはそこまでの過密状態ではなく、まだまだ静かな山歩きを楽しめる。そこで今回はケーブルカーを楽しみつつ、御岳山を歩いてみたい。

まずは青梅線の御嶽駅へ向かい、そこからは滝本行きのバスに乗ってケーブルカー駅を目指す。御岳駅からケーブルカーの滝本駅までは距離にして3㎞ほどだし、車道を避けて御岳渓谷沿いを歩く遊歩道もあるのだが、吉野街道を渡ってからの最後の登りが意外ときつい。このコースを歩くのなら下山時がお勧めだ。

最大勾配斜度25度の急斜面をグイグイと登っていく御岳山ケーブルカー。山上集落に暮らす子どもたちは、このケーブルカーを利用して下の小学校まで通学しているそうだ

御岳山ケーブルカーの正式名称は「御岳登山鉄道」。この名前からもわかるように、ケーブルカーというのは業態としては鉄道の仲間なのだ。本数は平均して1時間に2～3本。バスとの乗り継ぎも余裕をもってとられているので、多少の混雑なら乗り遅れることはないだろう。下の滝本駅から、上の御岳山駅までの距離は約1・1㎞。標高差423m、最大勾配斜度25度を約6分で結んでいる。

車両に乗って先頭の車窓から見上げると、まるで壁のようにレールが立ちはだかっていて、本当にこんなところを重たい車両が登れるのかちょっと不安になってしまう。けれどもケーブルカーという

のは、一般的には2輌の車輌がセットになっていて、上下交互に井戸の釣瓶のように動く構造になっているため、想像するよりは登りに対する負荷は少ないのだ。それを証明するように、出発したケーブルカーは静かに、しかしグイグイと斜面を登っていく。途中で複線になっている箇所があって、そこで下ってきたケーブルカーとすれ違う。まさに井戸の釣瓶状態だ。

やがて御岳山駅に到着。駅を出てすぐにある広場からは、天気がよければ関東平野を俯瞰できて絶景のひとこと。ここから先、これほど視界が開ける場所はないので、展望好きはじっくり堪能していこう。御岳山駅からは緩やかな起伏が続く登山道だ。登山道といってもしっかりと舗装されているので、スニーカー程度でも問題はない。樹間からの木漏れ日を浴びながら歩いていくと、やがて山のなかに突然集落が現れる。ここがいわゆる御岳山の門前町集落だ。

御岳山山頂にある武蔵御嶽神社は古くから山岳信仰の対象になっていて、とくにオオカミを祀っていることから農村からの信仰が篤い。オオカミは畑を荒らすシカやイノシシを駆除してくれるからね。農村集落では毎年代表者を御嶽神社にお参りに向かわせ、彼らを先達するのがこの集落に住む「御師（おし）」と呼ばれる人たちなのだ。御師は彼らを迎えるだけ

御岳山の山腹に、突如姿を見せる山上集落。ここには昔から、御岳山参拝者の世話をする「御師」が暮らしている。車道もない時代、こんな場所に家を建てるのはさぞかし大変だっただろう

でなく、毎年彼らのもとに護符を届けにも行く。黒いオオカミが描かれた護符は、現在でも御岳山から遠く離れた場所で見かけることもあり、その信仰の広さがうかがえる。集落にはそんな御師たちが経営する宿が何軒もあり、今でも武蔵御嶽神社詣での人たちの世話をしていることがわかる。

やがて、天然記念物になっている「神代ケヤキ」の下を登山道が回り込むと、何軒もの店が並ぶ参道を抜け、いよいよ御嶽神社への最後の階段登りだ。全行程中、最も息が切れるのはもしかしたらここかもしれない。途中何カ所かにベンチもあるので、あせらずにのんびり登って

いこう。

御嶽神社は御岳山山頂９２９ｍに建っている。創建は崇神天皇の時代。つまり紀元前とされるので、もはや神話の世界だ。本社の両側には狛犬ならぬ、逞しいオオカミが神使として鎮座している。本社の裏手には大口真神（おおぐちまがみ）、つまりオオカミを祀った社殿もあるので、忘れずにお参りしていこう。

　お参りをすませたら先ほどの参道で一服。ここに並ぶ店のなかで、僕がいつも寄るのは神代ケヤキの脇に建つ「亀屋」という茶店だ。この店は小さいながらも参道では最も歴史が古いらしく、「少なくとも１００年以上は経っているのは間

御岳神社の脇を固めるのはオオカミ。狛犬とはひと味もふた味も違う筋骨隆々たる姿。畑を荒らすシカやイノシシを追い払ってくれる特別な力を、オオカミに感じたのだろう

茶店「亀屋」でくつろぎながら参道を眺める。店の前を小走りで過ぎていくのは小学校の遠足だろう。僕も初めて御岳山に登ったのは、同じように遠足だったのではなかったか

違いないのだけれど、それより古いことはもう誰もわからなくて……」と、おばちゃんは笑いながら教えてくれた。

時間は午後の2時。味噌田楽をつまみつつくつろいでいると、店先には遠足と思われる小学生たちが、爽やかな初夏の風とともに、流れるように走っていった。

DATA

⦿モデルプラン：JR青梅駅御嶽駅→御岳山ケーブルカー滝本駅→御岳山駅→神代ケヤキ→武蔵御嶽神社→神代ケヤキ→御岳山駅→滝本駅→御嶽駅

⦿歩行距離：約2.5km(下山時に御岳駅まで歩く場合の距離は含まず)

⦿歩行時間：約1時間

⦿アクセス：起終点の御岳駅へは、新宿駅より中央線快速、青梅線を乗り継いで約1時間30分

⦿立ち寄りスポット情報：御岳山ケーブルカー＝青梅市御岳2-483。📞0428-78-8121。7:30〜18:30。無休。一般590円。亀屋＝青梅市御岳山148。📞0428-78-8570。9:00〜17:00。不定休

とでんあらかわせんと
きしもじん

都電荒川線と鬼子母神

最後の都電に乗って、
東京の名勝史跡を歩く

東京都

都電荒川線といえば、現在都内を走る唯一の路面電車として知られている。最盛期には40系統もあった東京都電の最後の生き残りでもある。「チンチン!」という発車ベルとともにゴロゴロと道路を走っていくさまは、懐かしさと相まってつい乗りたくなってしまう。

しかしそのいっぽう、地下鉄やバス網が普及している今日では、沿線住民以外にはなかなか乗る機会が少ないのも現実だ。そこで今回はこの都電荒川線を縦軸にして沿線を歩いてみることにした。

出発となるのは早稲田駅。ここは荒川線の起終点駅でもあるだけに、大きな屋根つきの駅舎が、新目白通りのど真ん中に建っている。ちなみに路面電車の駅は、「停留場」と呼ぶのが正しいらしい。このへんはバス感覚なのかな。しばらく待っているとやって来たの

早稲田は荒川線の起終点だけあって、屋根つきのしっかりした駅が設けられている（写真下）。待つことしばし。やがて鮮やかな桜色をした路面電車がやってきた（写真左）

はピンク色のかわいらしい車両。都電荒川線は最近、「東京さくらトラム」という愛称で売り出し中のようなので、これもその一環かもしれない。

乗っているのはご近所の買い物帰りと思しきご婦人やスーツ姿の若者。彼はひょっとして就職活動中の早大生か。ゆっくりと走り出した路面電車はスピードを上げる間もなく、すぐに次の「面影橋」に停車。この美しい駅名は、直近を流れる神田川に架かる橋の名前によるもの。続いて停まった「学習院下」では学習院の生徒がたくさん乗ってきた。午後早い時間ということもあってか、下校時間にぶつかったようだ。

雑司ヶ谷の鬼子母神堂。掲げられた「鬼子母神」の「鬼」の字に注目。心を入れ替えて子育て、安産の神となったことから、角に当たる部分がなくなっている

このまま乗っていては徒歩旅行にならないので、次の「鬼子母神前」で下車。ご存鬼子母神堂を散策することにする。ご存じの通り、鬼子母神はもともとは人の子どもを片端から捕って喰らうという鬼のような存在だったが、お釈迦様に自分の子どもを隠されたことによってそれまでの非道を反省、転じて安産・子育ての神様となったもの。そのため「鬼子母神」の鬼の字も、ここでは頭の「角」部分が取れたものになっている。

ここでぜひ立ち寄りたいのは境内にある駄菓子屋さんの上川口屋。なんと創業は1781年、つまりは江戸時代の天明元年だ。その翌年からは天明の大飢饉、

浅間山の大噴火が起こっている。店番のおばあちゃんに「日本で一番古くからやっている駄菓子屋さんですか？」と尋ねると、「さあ、日本は広いからわからないけれど、東京ではそうかもしれないわねえ」という謙虚な答えが返ってきた。

　鬼子母神から荒川線沿いにひと駅歩くと、そこにあるのは雑司ヶ谷霊園。ここには夏目漱石や竹久夢二をはじめ、多くの著名人が眠っているが、僕がぜひお参りしておきたかったのは中濱万次郎、つまりジョン万次郎だ。旅好きのはしくれとして、１７０年以上も前に、たとえ当初は本人の意志とは別だったとしても、太平洋を渡る旅をした偉大な先人にご挨

鬼子母神の境内で1781年！から営業を続ける駄菓子屋さん「上川口屋」。売られている駄菓子にも懐かしいものが多く、イイ歳をしてついつい買い食いをしてしまう

拶をしておきたかったのだ。

ちなみに鬼子母神から雑司ヶ谷にかけては現在大工事が進行中で、これはなんと軌道の両側、そして直下にもバイパス道路を造っているのだそうだ。

雑司ヶ谷からは荒川線とつきつ離れつしつつ、首都高の下をくぐって大塚方面へ進む。大塚からはちょっと寄り道をして巣鴨方面へ。せっかくなので巣鴨地蔵通り商店街へ寄っていくことにする。ここは「おばあちゃんの原宿」としても知られ、通りにはおしゃれなカフェやブティックは見あたらないものの、お煎餅屋や佃煮屋のほかにも、履物屋、寝具屋、乾物屋など、ほかではあまり見かけなくなった全部漢字表記のお店が元気に営業中だ。お茶屋の店先では、外国人ファミリーがさまざまな日本茶のテイスティングに夢中になっていた。

巣鴨地蔵通り商店街を最後まで歩くと、再び荒川線と合流するので、そこからは王子方面へ目指す。このあたりは道と軌道の間に民家が建ち並び、なかなか荒川線自体を眺めることができないのだが、そんななかでも民家の切れめをのぞいてみると小さな踏み切りがたくさんある。なかには遮断機のない踏み切りもあってちょっとびっくりだ。

やがて前方に飛鳥山公園の緑が見えてくる。ここは八代将軍徳川吉宗が遊園として庶民

雑司ヶ谷霊園に眠るジョン万次郎のお墓。万次郎はもともと土佐の漁師だったが遭難。鳥島に漂着の後にアメリカの捕鯨船に救助され、漂流から11年後に鎖国中の故郷、日本は土佐に帰国した

に開放したもので、江戸の時代から花見の名所として知られている。ここまで来たら王子駅はもう目と花の先だ。王子駅はJR京浜東北線との接続駅。陽気がよければ、ここでのんびりして旅を終わらせるもよし。再び荒川線に乗って、終点の三ノ輪橋を目指すのもいいだろう。

DATA

⦿モデルプラン：都電荒川線早稲田駅→鬼子母神前駅→鬼子母神堂→雑司ヶ谷霊園→巣鴨地蔵通り商店街→飛鳥山公園→JR京浜東北線王子駅
⦿歩行距離：約7km
⦿歩行時間：約2時間半
⦿アクセス：起点の都電荒川線早稲田駅へは、東京メトロ早稲田駅より徒歩約20分。終点の王子駅からは京浜東北線で上野駅まで約12分
⦿立ち寄りスポット情報：雑司ヶ谷鬼子母神堂＝豊島区雑司ヶ谷3-15-20。✆03-3982-8347。上川口屋＝鬼子母神堂境内。10:00～17:00（荒天休業）。飛鳥山公園＝北区王子1-1-3。✆03-3908-9275

江ノ島電鉄と江の島

えのしまでんてつとえのしま

神奈川県

フォトジェニックな海辺の鉄道で、江戸から続く一大観光地へ

江の島といえば古くは修行の場として、江戸以降は景勝地として大いに賑わった観光地だ。北斎や広重の浮世絵にも描かれていることからも、当時からのその人気ぶりがうかがえる。近年は都心からも至便な日帰り観光地として内外問わず多くの人が訪れている。

そして江の島へ至る交通手段として名高いのが江ノ島電鉄、通称「江ノ電」。藤沢・鎌倉間約10㎞の距離を25分ほどかけてトコトコと走る鉄道路線だ。

江の島も江ノ電も、どちらもそのフォトジェニックな風景から、『スラムダンク』や『ピンポン』をはじめ、さまざまなアニメや映画のロケ地となってきた。もっとも、昭和生まれの僕としては、青春ドラマ『俺たちの朝』の印象が一番強いわけだが。それはさておき、この数百年を経ていまだに人気スポットたり得ている、このエリアを歩いてみよう。

参道を歩いてまず奥に現れるのが江島神社の辺津宮。有名観光地とあって平日でも人は多い。外国からの観光客も見よう見まねでお賽銭を投じて、頭を下げていた

起点となるのは江ノ電の江ノ島駅か小田急電鉄の片瀬江ノ島駅だ。あとで江ノ電に乗ったり降りたりすることを考えると、あらかじめ江ノ電の一日乗車券を購入してしまったほうが得かもしれない。駅から海を目指して歩くと、すぐに江の島が見えてくる。島とは弁天橋でつながっているのでそのまま歩いていけるが、古来は引き潮のときのみ渡れたらしい。島に入るといきなり江島神社の参道に入る。ここには海産物屋をはじめ、さまざまなお土産物屋が軒を連ねていて、その誘惑に逆らうのはなかなか至難の業。僕も「あとからあとから」と呪文のように唱えていたのだが、案の定、飲食店に引

き込まれる。だって、漁期であるこの時期は、好物の生シラス丼が食べられるのだ。

お腹を満たしたところで、ようやくと江島神社巡りへ。江島神社は辺津宮(へつみや)、中津宮(なかつのみや)、奥津宮(おくつのみや)の三社から構成されており、少しずつ標高を上げながら順繰りにお参りしていく。ここは日本最初の野外エスカレーターである「エスカー」を利用すればラクなのだが、早々にご飯を食べてしまった後ろ暗さもあって、歩いて階段を上がる。徒歩旅行だしね。

奥津宮まで行ったのならもうひと息。島の裏側の岩屋まで足を延ばしてみよう。ここも古くから信仰の対象でもあり、洞窟歩きを楽しめる。とくに第一岩屋の奥は、そのまま富士山麓の鳴沢風穴につながっているとされ、真夏でも奥から冷気が流れている。

岩屋を出て、さあ戻るかというところでナイスなアイデアが。岩屋にほど近い稚児ケ淵からは、島の入口までの渡し船が運航していたので迷わず利用する。決して、再び島を越えるのが面倒だったから、ではナイ。

島から出たら再び江ノ島駅を目指して江ノ電へ。しかし乗るのはちょっと待って。江ノ電は乗るだけでももちろん楽しいのだが、走っている様子はもっと楽しかったりする。とくに江ノ島駅から隣りの腰越(こしごえ)駅、その先の鎌倉高校前駅あたりにかけては、車道のど真ん中を堂々と走っていたかと思うと、いきなり民家の間の路地のような所へ突入。ときには玄関直前を走っていたりもして、なかなかのスリリングさだ。一転、鎌倉高校前駅付近は眼前に七里ヶ浜が広がる開放的な風景を楽しめる。そんな江ノ電の魅力を満喫するには、やはり一日乗車券を利用して、勝手気ままに乗ったり降りたりしてみるのがコツかもしれない。

民家の玄関すぐ前を江ノ電が走っていく。こちらの家の住人は、外に出るには線路を渡らざるをえないだろう（写真上）。道路上を走る江ノ電。すれ違う地元住民も、もう慣れたもの（写真下）

DATA

⊙モデルプラン：江ノ島電鉄江ノ島駅→江島神社→岩屋→渡し船→江ノ島駅→腰越駅→鎌倉高校前駅→江ノ島駅
⊙歩行距離：約4.5km
⊙歩行時間：約1時間半
⊙アクセス：起点の江ノ島駅へは、JR東京駅から東海道本線で藤沢駅まで約50分。そこから江ノ島電鉄で約10分。新宿から小田急線で片瀬江ノ島駅へ出る手もあり。終点の鎌倉高校前からは起点の江ノ島駅へ約6分
⊙立ち寄りスポット情報：江島神社＝藤沢市江の島2-3-8。✆0466-22-4020。江の島岩屋＝✆0466-22-4141（藤沢市観光センター）。9:00～18:00（11～1月は～16:00、2～4、10月は～17:00）。無休。一般500円

小堀の渡しと利根川

おおほりのわたしととねがわ

千葉県
茨城県

対岸に取り残された集落のために、今日も渡し船は運航するよ

以前、まったく別件で茨城の取手(とりで)を訪ねたときに、取手駅からほど近い利根川河畔に渡し船があるのを知った。そのときは時間の都合で乗ることはかなわなかったが、それ以来ずっと、その渡し船の存在が気になっていて、「いつか、あれに乗るためだけに取手に行こう」と思っていたのだが、ようやくそのときがやってきた。

しかしそうはいっても、目指したのは取手駅ではない。取手のふたつ手前にある我孫子(あびこ)駅。そこから分岐する成田線でふたつ目の湖北駅が起点だ。なぜそんな場所からスタートするのかといえば、理由は簡単。渡し船に乗って取手に到着したかったから。矢切の渡しのときもそうだったが、やはり渡し船は交通手段として利用したいのだ。そしてそんな、興味のない人から見たらどうでもいいこだわりのために、湖北駅から約1時間の徒歩旅行。

小堀の渡しの船着き場では粋な船頭が迎えてくれた。彼が立っている切り株は、2017年の台風で折れてしまったヤナギだとか。「いい日陰をつくってくれていたのに……」と残念そうだった

湖北駅から歩きだし、一度交通量の多い車道を渡ってしまえば、そこからは枝分かれする細い道を選びながら利根川を目指す。基本は北へ向かって歩けばオーケーなのだが、あまり東側へ反れると船着き場が遠くなるし、逆に西側に反れると、今度は古利根沼に行く手を遮られる。無事に船着き場に近い利根川土手に出て、そこに「運航中」と書かれた幟（のぼり）が立てられていれば万事順調。ちなみ集中豪雨の後など、利根川が増水しているときは欠航もありうるので事前チェックも大切だ。

船着き場に着いたときは出航10分前とあって船はもう到着しており、桟橋ではいなせな船頭さんが迎えてくれた。ちな

みに「小堀の渡し」の小堀というのは、今いる集落の地名。小堀と書いて「おおほり」と読むのだそうだ。なんでそんなややこしい読みかたに？　と船頭さんに尋ねてみると、あくまでも自分も親方に聞いた話だがと断りを入れたうえでこう教えてくれた。

「このあたりはね、昔から利根川が溢れるとそのあとに小さな掘がいくつも残ったらしいんだ。その小さな掘のことを地元では『おっぽり』と呼び、それが転じて『おおほり』になったようだね」

そんな話をしているうちに出航時刻。渡し賃２００円也を支払い（小堀地区住民は無料）、ライフジャケットを着用していざ出航だ。天気晴朗、風もなく絶好のクルーズ日和。空は青く川は広い。いやあ、気持ちいいなあと開放的な気分になる間もなく、ひとつ目の船着き場に到着。わずか数分の距離である。この小堀の渡しは、僕が乗ってきた右岸にひとつ、左岸にふたつの船着き場があり、そこを三角形を描くように就航している。「取手緑地公園駐車場前」という『こちかめ』のタイトルのように長い名前のその船着き場では10分停船とのことなので、一度下船して周囲を散歩。

そもそもここになんで渡し船ができたのかというと、そこには深い事情があった。船が出発した小堀は利根川をはさんで千葉県側にありながら、行政上は茨城県なのだそうだ。

甲板からの眺め。手前の小さなスペースは、船頭が「一等船室でございます」と笑いながら案内してくれた室内席。晴天の日はともかく、雨が降っているときは頼りになりそうだ

過去には小堀の背後にひかえる古利根沼が本来の利根川の流路だったのだが、前述のごとく洪水が頻発。そのため河川改修を行って利根川は今の流路となり、それによって小堀は千葉県側に取り残されてしまったのだ。かといって茨城県民である住民は対岸の学校や病院にも行かねばならず、そのためにこの渡し船は誕生したというわけ。運航開始してからすでに100年以上の歴史があるそうだ。

船は再び出航。次は終着桟橋である「取手ふれあい桟橋」。JR常磐線が利根川を渡る陸橋の下に位置する。到着した桟橋は四隅に巨大な鉄柱が打たれたものものしい造り。聞けばこの桟橋は半可動

やがて渡し船は終着の「取手ふれあい桟橋」に到着。四隅に巨大な柱が打たれたこの桟橋は、利根川が増水したときにも、それに対応して自動的に高さが変わるらしい

式で、たとえ増水しても、鉄柱に支えられて同じ場所で上下動できるそうだ。
この渡し船自体はもちろん、小堀集落のありかた、そしてこの桟橋と、よくも悪くも川辺の人々は川とは切っても切れない生活をしているのだなあと、再認識させてもらえた小さな船旅だった。

DATA

⊙モデルプラン：JR成田線湖北駅→小堀の渡し船着き場→取手ふれあい桟橋→JR常磐線取手駅
⊙歩行距離：約3.5km
⊙歩行時間：約1時間半
⊙アクセス：起点の湖北駅へは、上野駅から常磐線で我孫子駅まで約30分、成田線に乗り継いで約10分。終点の取手駅からは常磐線で上野駅まで約40分
⊙立ち寄りスポット情報：小堀の渡し＝℡0297-74-2141（取手市役所）。小堀発は9:00～16:00まで毎正時（12:00はなし）。水曜、年末年始、荒天時運休。一般200円

第3章 地形を体感する徒歩旅行

日原鍾乳洞の奥深くには、こんなに広大な空間が隠されていた。入口の狭さからはちょっと想像がつかない。初めてこの空間を発見した人は、さぞかし驚いたことだろう

江戸時代に掘られた水路、発祥不明の謎の飛び地、都市の地下に生きる川。地形を辿ってのウロウロ旅は、まさに徒歩旅行がうってつけ。

奥多摩むかし道

おくたまむかしみち

東京都

明治初期まで甲州との物流を担っていた、いにしえの道を歩く

奥多摩駅からさらに奥多摩湖方面に向かうには、今では青梅街道を抜けるのが一般的だが、実はこの道と併走するように走るもう一本の旧道がある。これは現在の青梅街道ができる以前、甲州との物流に用いられていた道で、明治11年に青梅街道が完成するまで、多くの人や馬に歩かれていた。

この道をハイカーに歩きやすいように再整備したのが「奥多摩むかし道」。全長約9km。時間にして約3~4時間というところか。果たしてどんな道が待っているのだろう。

奥多摩駅からいきなりスタートすることもできるが、そうするとゴールの奥多摩湖に着いたときに帰りのバス時刻を意識しておかなければならなくなる。今回はまずはバスで奥多摩湖へ。そこから奥多摩駅を目指すことにした。そこには、このほうが全体に下り基調

小河内ダム、そして奥多摩湖を俯瞰する。奥多摩湖周辺の山を歩くことは少なくないが、小河内ダムを下流側から眺める機会というのはあまりないような気がする

になるだろうというちょっとずるい算段もあった。

奥多摩湖駅のひとつ前、水根バス停で下車。ここがむかし道入口への最短バス停だ。しばらくは水根沢沿いの舗装路を登っていく。分岐にはたいていしっかり道標がつけられているのであまり不安はない。やがて人しか通れない道に入り、山の南側をトラバースしながら進む。右手には巨大な小河内ダムがせり上がっていて迫力がある。

タキノリ沢を越えると、道の左側は露岩の崖が続く。右側には手すりが延びているが、油断なく通過しよう。

ときおり、思いついたように道沿いに

ポツンポツンと民家が建っている。クルマも入って来られないような山間部での生活に思いを寄せる。

中山集落を抜けるとしばらく下りの山道が続き、下りきったところで舗装された林道に飛び出す。気がつけば、スタート時には右手を走っていた青梅街道がいつのまにか左手に見える。どうやら途中、山道でトンネル上を越えてきたらしい。代わりに右手に見えるのは多摩川だ。川面とは距離があるが、それでも樹間から見える水は青く透き通っているのがよくわかる。

このあたりからは道沿いに「馬の水のみ場」と呼ばれる昔の茶屋跡や、耳が病気になったときには、穴の空いた小石を探してきて供えれば治るという「耳神様」など、この道が現役で使われていた時代の面影がポツポツと現れてきて興味深い。

途中には現役の茶屋も一軒あった。店の女性に話をうかがえば、開店してまだ半年ほどとのこと。シーズン中はいいが、厳冬期は大変だろうな。この先にはいくつか青梅街道へエスケープできる道もあるので、途中で疲れてしまったときや、思いのほか時間がかかってしまったときは、それを利用してバスで奥多摩駅まで戻るのもありだ。ただし本数は少なめなので、時刻はちゃんと確認しておきたい。

山中の、こんな自動車も入れないような道沿いにも家はある。かなうことならば、お茶でも飲みながらこの家での暮らしぶりなどをうかがってみたいものだ

途中、境の集落手前で道は一度青梅街道を横断して反対側へと渡る。そして渡ってみたところ、なんと立入禁止の札が。ガーン！というのはウソで、実は奥多摩駅に着いたときに、ビジターセンターでここが落石で通行禁止になっている情報は得ていた。スタッフの話では復旧まではまだしばらくかかりそうだったが、その代わりに青梅街道を歩いての迂回路を教えてくれた。今回にかぎらず、最新の路面状況を知るためにも、出発前にビジターセンターに寄るのをお勧めする。

桧村（ひむら）集落を抜けてしばらく標高を上げていくと到着するのが槐木（さいかちぎ）集落。ここには一本のサイカチの巨木が今も残り、この木の下は古来から旅人たちの休憩場所だったそうだ。

槐木からは再び、細い道に入る。ここからはしばらく古い鉄道の廃線跡を越えたり併走したりして歩くことになる。この廃線は通称「奥多摩水根線」と呼ばれる鉄道の遺構。これは小河内ダムを造るにあたって、資材搬入のためだけに敷設された鉄道だ。ダムを造るために、まずは鉄道……。当時のダム界隈がいかに険峻な地形だったかうかがえる。また、山中に突如現れるレールやトンネルは、映画『スタンド・バイ・ミー』的な雰囲気に憧れる人にはたまらないポイントでもあるだろう。かくいう僕もそのひとり。

「耳神様」には、実際に穴の空いた石が数多く供えられていた。なかには最近のものと思われるものも。穴の空いた石を見つけるのって、簡単なことではないようにも思うのだが

奥多摩むかし道の終盤になって現れた旧・奥多摩水根線のレンガ積み廃トンネル。レールも残されたままになっていた。ここ以外にも、むかし道沿いのそこかしこに奥多摩水根線の遺構は残る

廃線跡区間を抜けて坂道を下り、左手に羽黒三田神社を眺めればむかし道はゴール。そこから奥多摩駅までは歩いて10分ほど。途中には東京都最西端の飲み屋街といわれる「柳小路」もある。帰りの電車の時刻と相談しながら、思い思いの余韻にひたるのもいいだろう。

DATA

⊙モデルプラン：JR青梅線奥多摩駅→水根バス停→タキノリ沢→茶屋→惣岳渓谷→槐木集落→奥多摩駅
⊙歩行距離：約9km
⊙歩行時間：約4時間
⊙アクセス：起終点の奥多摩駅へは、新宿駅から青梅特快で青梅駅へ。そこから青梅線に乗り継いで約1時間40分。奥多摩駅から水根バス停までの西東京バスは1時間に1本程度
⊙立ち寄りスポット情報：奥多摩ビジターセンター＝西多摩郡奥多摩町氷川171-1。℡0428-83-2037。9:00～16:30。月曜(祝日の場合翌日)、年末年始休業

二ヶ領用水と久地円筒分水

にかりょうようすいとくじえんとうぶんすい

神奈川県

徳川家康の命によって築かれた、神奈川県最古の用水路を遡る

二ヶ領用水は多摩川から分水し、川崎市を縦断していく全長32kmにわたる用水路だ。その歴史は古く、徳川家康の指示によって着工されたのは1597年というから、なんと関ヶ原の戦いより以前だ。完成したのは1611年。つまり14年の年月をかけたことになる。これにより周辺の新田開発も急速に進み、これによって「稲毛米」と呼ばれる米の産地として知られることになった。「二ヶ領」の名前も、この用水路が川崎領と稲毛領にわたっていたことからつけられたのだそうだ。この32kmのうち、半日コースで楽しめ、見どころも多い上流部をのんびり遡ってみよう。

起点となるのはJR南武線の武蔵溝ノ口駅、または東急田園都市線の溝の口駅。隣接している駅なので、便利なほうを利用すればよいだろう。溝の口駅の西口を出て、渋谷方面

二ヶ領用水は、徳川家康の命でつくられた神奈川県内最古の用水路だ。溝の口駅からもほど近いこの大石橋から、多摩川を目指して遡上していこう

に戻るように5分ほど歩くと、きれいに整備された小さな川が現れる。これが二ヶ領用水だ。ここからこの用水路を遡るようにして多摩川を目指す。

周囲は護岸化されフェンスに囲われているものの、部分的には川面まで降りられるように石段がつけられている。川を危険視するだけでなく、こういった水と接する場所を設けるのも大切だ。用水路内には、ときおり大きなコイがのんびりと泳いでいる。

やがて二ヶ領用水は厚木街道と交差するが、ここでは歩道橋が用水路上に沿うように設置されているので、下るときにはそのまま用水路に入ってしまうかのような錯覚に陥る。

そこからさらに進んでいくと、正面に巨大な円形状の構造物が現れる。二ヶ領用水最大の見物ともいえる久地の「円筒分水」だ。これは多摩川からここまで流れてきた水を、周辺の各農地に厳密かつ平等に分配するための施設で、ここで用水を一度地下まで潜らせ、サイフォンの原理で円筒から噴出、これを外側の仕切り壁によって4つに分けてそれぞれに流下させるというもの。ちなみにその分配はそれぞれ4分の1ではなく、各流域の耕地面積に対応して厳密に分けられているというから驚きだ。農業にあまり馴染みがない人間からすると、「水なんていくらでも流れてくるのに、なんでこんな大がかりな施設をつくってまで……」と思ってしまうが、そうではないのだ。農家にとって水は命。江戸時代には水の奪い合いで、村同士で血を見るような争いも起こったと聞く。

そこまで荒々しくはないが、僕が毎年田植えと稲刈りの手伝いをさせてもらっている埼玉県の田んぼでも、やはり用水路の水の管理、利用は非常に厳しいとのこと。そんな水争いを解消するために、この久地円筒分水はつくられたのだろう。昭和16年に完成したこの円筒分水は、平成10年には国の有形文化財にも指定されている。中央からあふれてきた水が外側の円の壁を伝うように滑り落ちていく光景は、なんだか現代美術の作品のようにも

多摩川からの水を、周辺の農地に向けて平等かつ厳密に分けるためにつくられた久地の円筒分水。現在では農業用水としての役目は終わりつつあるが、その中心部からは今もなめらかに水が流下する

見えてくる。

円筒分水から上流は水量も一気に増える。道は用水沿いに続き、JR南武線の久地駅周辺では、右から宿河原用水が合流してくるのが見える。この用水も多摩川からやってきているものだが、ここではそれをやりすごしさらに上流へ。

この先しばらく、二ヶ領用水はクルマの往来の多い府中街道沿いを流れていく。姿は三面護岸張りの都市型河川に変わり単調な歩きになってくるところだが、しばしの我慢。左手に『藤子・F・不二雄ミュージアム』が見える手前あたりからは、府中街道とは用水路を挟んだ反対側に歩きやすい遊歩道が続くようになる。

玉網を片手に二ヶ領用水に入る子どもたち。用水は川面に近づきやすい設計になり、周囲には緑も増えていい雰囲気だ。さあ、果たして何が捕れるのか

小田急線の線路を陸橋で渡り、なおも用水路を辿って世田谷通りを渡ると、これまでつかず離れずいた府中街道にようやく別れを告げ、静かな住宅街のなかに流れる二ヶ領用水をのんびりと楽しめる。このあたりになると用水路自体も親水を意識した姿になり、周囲には緑も増え、ときには玉網を片手に生き物を探している子どもたちの姿も見かけるようになり、微笑ましい。川面には清流の女王とも称される、カワセミが飛翔する姿を目にすることも。

JR南武線の踏切りを渡り、二ヶ領用水が三沢川と川同士で立体交差するという、ちょっと珍しい光景をすぎれば多摩

川との合流点は近い。多摩川沿いに走る車道を渡ると、目の前に川幅いっぱいに延びた二ヶ領上河原堰堤の巨大な構造物が見えてくる。昔は自然に二ヶ領用水に分水していたのだが、多摩川が浅くなったことなどもあって、この堰堤を使って水を流しているのだとか。

ちなみにここまで歩き終えてしまってからいうのもなんなのだが、今回のように川沿いを歩くときにはふたつのスタイルがある。ひとつは上流から下流へ水とともに進むもので、もうひとつは下流から上流へと遡るもの。いずれも「この川は、いったいどこへ続いているのだろう」とか、「この川の水は、果たしてどこか

用水路脇の岩に突然、鳥が飛来した。見てみるとなんとカワセミだ。大きさからしてまだ幼鳥かもしれない。ここには彼女らのエサとなるものもいるということだろう

多摩川に合流するのと同時に、眼前に飛び込んできたのは二ヶ領上河原堰堤。二ヶ領用水を辿る旅もここでおしまい。ここからは多摩川を遡って、最後のお楽しみを目指す

ら発しているのだろう」という素朴な気持ちが前提となり、どちらも捨てがたいものがある。

　ならばなぜ今回は下流から上流へというコースを選んだのか。それはこの合流地点から土手をしばし歩いたところにある『たぬきや』に寄りたかったから。たぬきやは多摩川、稲田堤の土手にポツンと建つ、シブイ、あまりにもシブイ茶屋。まるで古きよき、昭和の時代の海の家のような趣だ。店のおばちゃんの話によると、この店を始めたのは昭和10年とのこと。それから今日までの間に、この店の前を往来していた渡し船は廃止になり、有名だった土手沿いの桜並木が車道をつ

多摩川の河川敷に店を構える「たぬきや」は、散歩者はもちろん、川沿いを走るランナーやサイクリストにも人気だ。ここだけを目指して遠くから訪れる人もいる

くるために伐採されてしまっても、ずっとこの地でお店を続けているのだそうだ。
店の前に並べられたテラス席（？）に座り、川から流れてくる爽やかな風を感じながら、満開の桜の下を渡し船が往来していた当時に思いを馳せてみた。

DATA

⊙モデルプラン：東急田園都市線溝の口駅→二ヶ領用水→久地円筒分水→小田急線陸橋→JR南武線踏切り→多摩川→たぬきや→京王線京王稲田堤駅
⊙歩行距離：約11km
⊙歩行時間：約4時間
⊙アクセス：起点の溝の口駅へは渋谷駅から東急田園都市線で約18分。終点の京王線稲田堤駅から新宿駅までは京王線で約22分。南武線稲田堤駅も利用可
⊙立ち寄りスポット情報：久地円筒分水＝川崎市高津区久地1-34。℡044-200-2903（川崎市建設緑政局）。たぬきや＝川崎市多摩区多摩川河川敷内。15:00〜19:00（火水金）、12:00〜19:00（土日祝）。月木曜休。荒天による休業あり

盤州干潟と実験浸透池

ばんずひがたとじっけんしんとういけ

千葉県

干潟に潜む「巨大魚の目玉」は、果たしてウインクをくれるか

年々開発が進む東京湾にも、今もいくつかの自然干潟が残っている。干潟は潮干狩りやノリの養殖など人間の暮らしにも密着した存在であるいっぽう、魚類や甲殻類、そしてそれらをエサとする鳥類などにとっても重要な生活環境だ。なかでも三番瀬が知られているが、今回は都心からはやや離れるものの、東京湾でも最大級の面積を誇る木更津の盤州干潟を訪れてみたい。なぜならそこには前述の自然環境以外にも、前から気になっていた謎地形「巨大魚の目玉」があるから……。

まずはＪＲ内房線の巌根(いわね)駅へ。木更津のひとつ手前にあたる小さな駅だ。駅からは西、つまり海を目指す。交差した県道を右へ入ると、すぐに橋で小櫃川(おびつかわ)を渡る。この小櫃川の河口が今回目指す盤州干潟だ。次の交差点を左へ入り、なるべく小櫃川と離れないように

人の背の高さまで伸びた植物の間に延びる一本の白い道。この光景だけ見ていたら、この先に広がるのが東京湾とはにわかには思えない。沖縄の島のようだ

しながら河口を目指す。

このあたりまで来ると周囲はすっかり田園風景で、海からの風に稲穂が爽やかに揺れている。

小さな集落を抜けると、やがて盤州干潟の入口を発見。入口には鉄のゲートが閉められていて、一瞬、立入禁止なのかとドキッとしたが、「ようこそ小櫃川河口干潟へ！」という案内板が掲げられているのを見てひと安心。どうやらこのゲートは、干潟にクルマでゴミの不法投棄に来る輩への対策らしい。

ゲートの先には細い小径が続いているのでさっそくそれを辿っていくが、やがて左右から覆い茂る植物が進路をふさぐ。

干潟に群がるあまたのカニたち。子どものころからの習性なのか、カニを見ると思わず捕まえたくなってしまうのだが、ところがどっこい、カニもそんなに甘くはなく、すごいスピードで逃げ去る

季節は盛夏。植物たちの生長著しい時期だ。ちょっとイヤな予感がしたが、地質の影響だろうか、すぐに草は少なくなり目の前に細く白い道が続く。周囲にはところどころに干潟が顔を見せ、そこではあまたのカニたちが食事中だ。もうちょっと近くで見たいと思ったが、彼らも野生。なかなか距離はつめさせてくれない。

それまでの踏み固められていた地面がふかふかの砂へ変わると、いきなり目の前に海が現れた。いや、その表現は正しいのか。海水が完全に引いた海である。この日は中潮とあってまずまず干満がはっきりしており、しかも干潮時間に近かったこともあるのだろうが、それにして

潮が引ききった東京湾。遠くに神奈川の工業地帯が見える。モノクロなのでわかりづらいが、手前に広がる白っぽい部分はすべてノリの仲間が干上がったもの。いい香りが漂っているんだ、これが

も激しい潮の引きかただ。遠くに後退した海はほとんど見えず、このまま神奈川県側まで歩けてしまえそうだ（そんなわけはない）。さすがは東京湾最大級干潟の面目躍如。手前にできている緑色の帯は、ノリの仲間が強い日差しによって干からびたもの。おかげで周囲をノリの香ばしい匂いが漂ってる。

そんな風景にしばし圧倒されていたところで、もうひとつの目的を思い出す。そう、「巨大魚の目玉」だ。正しくは浸透実験池と呼ばれるこの遺構。地形図を見ると、干潟に唐突に真円をした不思議な池があるのだ。周囲の地形とセットで見ると、あたかも巨大な魚の目玉のよう。

この浸透実験池。もともとは八幡製鐵（現・新日本製鐵）が、製鉄時に使用する冷却用水確保のために作った施設なのだそうだ。高度経済成長のさなか、増えつつある需要に応えるためには工業用水が必須ということで作られたものの、その後のオイルショックなどで需要は冷え込み、結局は正式に運用されず放置されているというのが現状らしい。

さあ、ここまで来たからには浸透実験池も見に行かねばなるまい。がしかし。池に行く道がないのである。入口に掲げられていた地図にはしっかり描かれている道が。あるべきところには、僕の背丈を越える濃密なヨシ林が広がるのみ。まさか、ここが⁉ このヨシ林を越えていけということか。覚悟を決め、極力皮膚の露出を避けて突入。足元にはかすかに踏み跡は残っているが、とにかくそこに覆い被さるヨシがすごい。ヨシだけでなく、なかにはノイバラもあるようだ。パンツ越しにもトゲがチクチクと刺さってくる。

この先に本当にあるのかと不安になったところで、ちょっとした高台を越えた。すると、あった。おそらくこれが浸透実験池だろう。ヨシ林に囲まれているうえに、そもそも地表からでは俯瞰できないので、完全な円としては確認できないが、それでも半分に切ったドーナツ状の様子だけは確認できた。ヨタヨタと水辺に降り立つと、数多くの水鳥たちがいっせいに飛び立ってビックリ。いや、驚かせたのはこちらなのだが。

どうやら来る時期をしくじったようだ。冬枯れの時期に訪れるのが正解なのだろう。工業用に作られたこの池は、今では野鳥たちのオアシスらしい。そのことを知っただけでも今回はよしとして、少ししょっぱい達成感（汗と潮風）を感じながら、再びヤブの突破準備を始めた。

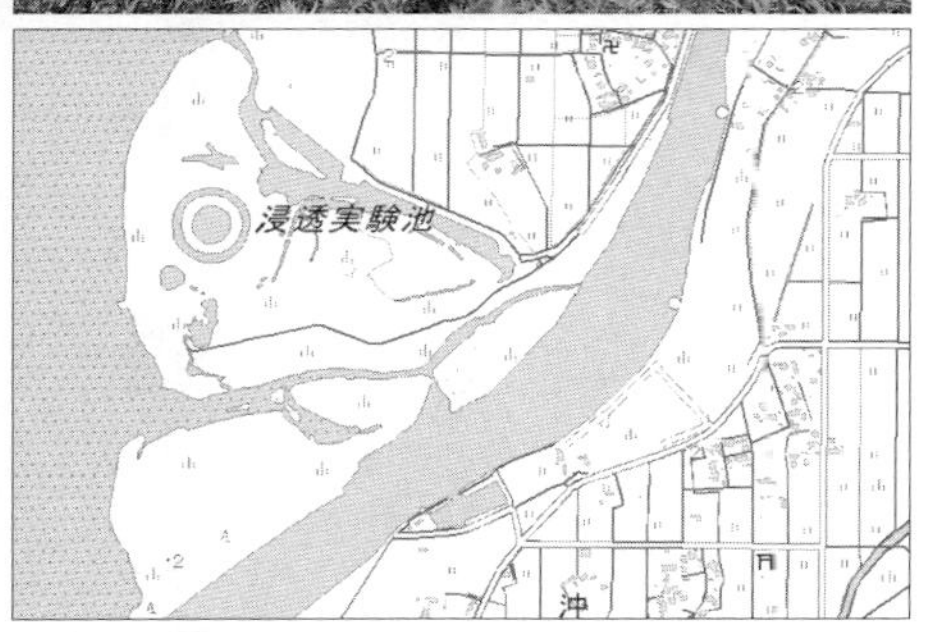

強烈なヤブ漕ぎのなか、ようやく辿りついた実験浸透池は、水鳥たちのよき休息場所になっていた（写真上）。国土地理院の地形図を見ると、巨大魚の目のような池の地形がよくわかる（写真下）

DATA

⦿モデルプラン：JR内房線巌根駅→金木橋→盤州干潟→浸透実験池→金木橋→巌根駅
⦿歩行距離：約9km
⦿歩行時間：約3時間
⦿アクセス：起終点の巌根駅へは東京駅から総武線、内房線を乗り継いで約1時間15分
⦿立ち寄りスポット情報：盤州干潟にかぎらず、干潟へ出かけるときはあらかじめ干潮時間を確認しておきたい。本文にもあるように真夏はヤブが激しい

飛び地「西大泉町」

とびち「にしおおいずみまち」

東京都
埼玉県

周囲をぐるりと埼玉県に囲まれた、東京の極小飛び地を訪ねて

東京都との県境近くの埼玉県側に、東京の「飛び地」があるという話を聞いたのはいつのときだったか。ご存じのように飛び地というのは、行政区画などの一部が本体?とは離れて存在している部分のことだ。市町村レベルはもちろん、ときには国家単位でも存在する飛び地。日本でも河川改修によって流路が変わり、一部が対岸に取り残されてしまったという例はときおり聞くが、この東京都と埼玉県の飛び地付近には川はない。いったいなぜそんなことになってしまったのか、直接現地を歩いてみることにした。

スタートとなるのは西武池袋線の保谷駅。駅から北に延びる福泉寺通りを歩いていく。道は真新しく、周囲には住宅街が広がるいっぽう、ところどころに畑や温室、農家と思われる大きな家が点在し、このあたりは比較的最近に宅地化されたことがわかる。

練馬区から県境をまたいで新座市に入った瞬間、目の前に麦畑が現れて驚いた。埼玉北部は麦の生産が盛んなことは知っていたが、こんな南でもつくっていたのか

埼玉県との県境が近づいてきたあたりから、あらかじめ地図であたりをつけておいた路地に入り、いよいよ飛び地に切り込む。道端の電柱や町内掲示板、そして民家の玄関に掲げられた住所表示を注意深くチェックしながら慎重に進むと、やがて、こここそ境界であろう地点に到着。細い道路を挟んでこちら側に立っているカーブミラーには「練馬区」、向こう側のには「新座市」と記されている。新座市へ越境である。そしてその先に広がっていたのは、なんと一面の麦畑というドラマチックな光景だった。もちろん、境界を境にある程度風景が変わるのは予想できていたが、住宅街から一変、麦畑

この新座市にあるなんということのない住宅街の一角が、突然東京都になる驚き。それも直線でぶった切られているのではなく、デコボコと東京都になったり埼玉県になったりする

が現れようとは。

　これにはちょっと感動してしまったが、今回の目的は県境を徒歩で越えることではない。その先にある「東京都」の発見である。再び、注意深く住居表示を確認しながら進むと、何軒か「新座市片山」という住所が続いたところで、唐突に「練馬区西大泉町（練馬区「西大泉」とは別）」という表示が現れた。ここだ。ここが埼玉県に囲まれた東京都だ。

　どうやらこの筋が東京都らしい。そこを歩きながら、家々を眺めていく。ガレージに停められているクルマもみんな練馬ナンバーだ。この並びがすべて東京都なのだなと納得ししつつ歩いていたら、

周囲は完全に埼玉県新座市なのに、この一角だけ東京都なのでゴミの収集車も練馬区のものがわざわざ県境を越えてやってくる。どうしてこんなことになったのか

最後の一軒だけが新座市。いったいなんでこんなことが。試しにひとつ先の筋も歩いてみると、こちらはすでに新座市のようだったが、この通りに掲げられていた地元自治会の住宅案内図を見てまたもやびっくり。これによると、先ほどの筋の最後の一軒以外が東京都で、こちらの筋は歯抜け状に二軒だけ東京都に組み込まれている。ちなみに「畑」と書かれている場所には、現在新しい家が建てられ、ここも東京都なのだそう。

住宅街をぐるりと回ってきて一周すると、ある東京都の家の前で、ご主人がなにか作業をしていたので、話をうかがってみる。

「ああ、そうだね。うちとこの周囲の数軒だけ、東京都なんだよね。ここのためだけに練馬区のゴミ収集車が来るし、税金も東京都へ納めるんだよ。とくにうちなんかは、玄関までが東京都で、前の道は新座市。25年ほど前に越してきたときに、契約書のなかには『将来的にここは新座市になるかもしれない』という条項があったんだけど、それは断固拒否したからね。だってそうでしょ。練馬区と新座市じゃあ土地の単価だって違うしね」

現在、練馬区と新座市では、いずれこの「西大泉町」を新座市に編入することで話はついているらしい。たしかにこんな飛び地は、行政上もいろいろやりにくいだろう。ただしそこには「全住民の同意の上で」という前提があり、先ほどのご主人の話にもあるように、それはなかなか簡単なことではないようだ。

そもそも、なんでこんなところに、こんな変則的な飛び地が存在するのか。あまりにも古くからのことで、行政も把握できていないらしい。先ほどのご主人によれば、「ずーっと昔、荒地を耕しちまえば自分のもの、みたいな時代に勝手にそうやって占有しちゃったのがいたんじゃないかなー」とのこと。僕の根拠のない説としては、その昔、ここは練馬区側の藩の隠し田があったのではと想像してみるのだが、果たして真相はいかに。

さて、飛び地の謎を確認したところで帰路につく。来た道をそのまま戻るのももちろん

豊富な湧き水が流れ出す妙音沢特別緑地保全区。斜面林からの水は黒目川へと流れ込み、都市近郊河川には珍しい清浄な川になっている。見つけられなかったが、サワガニもいるらしい

ありだが、せっかくここまで歩いたのだから、さらに歩いて東武東上線の和光市駅を目指してみよう。途中には『平成の名水百選』にも選ばれている新座市の妙音沢特別緑地保全区や、和光樹林公園など自然にふれあえるスポットも点在している。

DATA

⦿モデルプラン：西武池袋線保谷駅→東京埼玉県境→西大泉町(飛び地)→妙音沢特別緑地保全区→和光市樹林公園→東武東上線和光市駅
⦿歩行距離：約9km
⦿歩行時間：約3時間
⦿アクセス：起点の保谷駅へは西武池袋線準急で約15分。終点の和光市駅からは、東武東上線準急で池袋駅へ約15分
⦿立ち寄りスポット情報：妙音沢特別緑地保全区＝新座市栄1。☏048-477-2950(新座市役所みどりと公園課)。和光樹林公園＝和光市広沢3。☏048-468-0837。飛び地の西大泉町はあくまでも一般の住宅地。地元の人の迷惑にならないように良識ある行動を

桃園川暗渠

ももぞのがわあんきょ

東京都

静かに地下を潜りながらも、今もたしかに流れ続ける川の面影

かつて杉並区から端を発し、中野区へと抜けていく川があった。その名は桃園川。正しくは現在も桃園川はあるのだが、ほぼすべてが暗渠化され、川面を眺めることはできない。昔は周辺農地への水源にもなっていて、地元の子どもたちの絶好の遊び場にもなっていたそうだが、周辺が宅地化されるにつれて生活排水が流入してドブ川化、フタをされて暗渠化というちょっと悲しい歴史を持っている川だ。今日、その暗渠部は歩道や緑道、ときには猫ぐらいしか歩かなそうなキャットストリート化しており、なかなか興味深いルートになっている。この桃園川を源流から神田川との合流点まで歩いてみることにする。

桃園川の水源は荻窪にある天沼(あまぬま)弁天池公園。まずはそこまでJR荻窪駅から歩く。駅を出て青梅街道を少し行ったところ、りそな銀行の脇に歩行者専用道路が分岐しているので

杉並区荻窪にある天沼弁天池公園。桃園川の源流のひとつとされる。今日も池は水を湛えているが、残念ながらこの池は後年になって新しくできたものらしい

ここを入っていく。実はこの道もすでに桃園川にゆかりがある。かつて水量が少なかった桃園川へ、千川上水から水を供給していた水路の名残なのだそうだ。道には「自転車駐輪禁止」の看板が目立つ。たしかに駅から近いし、道幅的には自転車を停めたくなる空間だ。

大きなカーブを描くように延びる道をたどると、やがて左手に八幡神社が見えてきたのでこれを目印に左折。八幡神社の隣が天沼弁天池公園だ。公園には現在も池があるが、これは近年になって再建されたものだそうで、もともと桃園川の水源になっていた池はもはや失われてしまっている。

公園には杉並区郷土博物館の分館があるので、なにか桃園川に関する資料はないかと訪ねてみると、「あまり見やすくなくて申しわけないんだけど……」と「杉並区歴史散歩地図」というものをくれた。これは寺社仏閣をはじめ、杉並区内のさまざまな歴史遺産を記したもので、ちょっとわかりにくくはあるが、かつての桃園川の流路も記されていた。
「水源はここだけではなくてね、少し先の日大二高あたりにあった小さな池からも水は入っていたらしいんですよ。そのあたりは支流もたくさんあったみたいで……」
いきなり貴重な情報をいただいた。お礼をいってその地図を見ながら流路をたどると、ちょっと歩いたところに「藤乃湯」という銭湯が現れ、以前なにかで読んだ話を思い出す。暗渠マニアの人たち（そういうコアな人々もいるのだ）は、地下に潜り込んで所在が不明になっている暗渠を探す際に、銭湯をヒントにすることがあるのだそうだ。たしかに下水道が整備される以前は、毎日大量のお湯を処分するには近隣に川の存在が不可欠だったのかもしれない。

住宅の間を抜けるように通っていた道は、やがて両側から車道に挟まれるような状態になった。広い車道スペースの中央になぜ遊歩道がとも思うが、これももともとは川の両岸に車道が沿っていたのかと考えれば納得だ。道はやがて再び住宅街に入る。ときどき、周

車道のど真ん中に遊歩道が延びているという、なんとも奇妙な風景。これも、もともとはこの遊歩道が川だったと考えれば合点がいくのだが、果たして……

囲の家の入口が少し高くなっていて、段差で上がるようになっているのは、そこが川だったころの名残だろうか。

　ほどなく阿佐ヶ谷駅から延びる中杉通りを渡る。道の反対側にはそれらしき細道があったのでそこを入ると、道はすぐに広くなって「これが桃園川の跡？」と、ちょっと違和感がある。しかしその道も歩行者スペースが不必要に広かったりするなど怪しさもなくはない。うーん、どうするか。資料館の女性がいっていた「いくつもの支流があった場所」というのは、このあたりだろうか。どうやら今回の旅の核心部になりそうだ。

「迷ったときは、確実な場所まで戻れ」。

道はやがて人がすれ違うのがやっという幅にまで狭くなった。周囲にはさまざまな植物が繁茂して、昼だというのに薄暗く、ちょっと不思議な空間になっている

JR中央線のガードの先からは、きれいに整備された「桃園川緑道」が続いていた。この先はもう迷うこともないだろうが、同時にワクワク感もなくなってしまう

僕はときどき山雑誌などで、初心者向けのハウツー記事を偉そうに書かせていただくことがあるのだが、そんなとき、梅干しを10粒放り込んだくらいに口を酸っぱくして書いているのが、この心得なのだ。そのハウツーは山歩きならずとも通用するだろう。一度戻ってみることにする。

もし間違えているとしたら、考えられるのは先ほどの大通りを渡ったときだ。渡りきったときの取り付きを間違えたのかもしれないと、大通りへ戻って少し北に歩いてみたところ、あった。その道筋は奥まったところにあって、路地をのぞいただけでは気づきにくいのだが、たしかに暗渠化された細い道が現れた。

その道を辿っていく。道は次第に細くなり、周囲にはさまざまな植物が生い茂って歩きにくい。すぐ脇の家からはお昼のテレビ番組の音声が大きく聞こえてくる。こんなところを歩いていて不審者に思われないかしらと早々に歩き去ると、目の前が急に明るくなり、車道につながった。つながったのはいいのだが、またもやそこには川だったころの気配はない。そもそも今歩いてきた道が桃園川だという確証もない。不安を感じながら周囲をうろうろしていると、歴史のありそうな豆腐屋さんの前で、ご主人と思われる人が作業をしているのを発見。豆腐屋といえば銭湯と並んで水に縁のあるお仕事。思いきってこのおじいちゃんに昔の桃園川の場所を尋ねてみると、まさに今僕が歩いてきたところがそうだとわかってひと安心。

「このあたりはもう川の跡はないけれど、もう少しいったらわかるよ」

　そのことばにしたがい、先ほどの道の続きを歩いて、ＪＲ中央線のガードをくぐると、そこには桃園川緑道と書かれた立派な入口がつくられ、整備された緑道が延々と延びていた。これだけ整備されていれば、ここから先は迷う心配もなく、のんびり歩けるだろう。歩けるだろうが、若干の物足りなさも感じてしまう。

　桃園川緑道はここからまっすぐ東へ向かって高円寺を越え、環七を渡り、中野

緑道化されてからも、過去に使われていた橋の遺構は残されていることが多い。この三味線橋は、もともと新井薬師への参詣道にあたり、周囲には三味線の音が絶えなかったことから命名されたとか

緑道は神田川の手前で唐突に終わった。神田川の対岸から緑道側を眺めてみると、そこには桃園川の合流部が黒い口を広げて神田川にわずかな水を注いでいた

通りからは大久保通りと併走するように延び、目前を手すりでふさがれていきなり終わる。手すりの先には神田川。神田川を橋で渡り、反対側から振り返ってみると、これまでずっと地下を流れてきた水流が、ようやく太陽の光を浴びて神田川に流れ込んでいるのが見えた。

DATA

⦿モデルプラン：JR中央線荻窪駅→杉並区立郷土博物館分館→中杉通り→中央線高架下→桃園側緑道入口→環七→中野通り→山手通り→神田川→JR中央線東中野駅
⦿歩行距離：約8.5km
⦿歩行時間：約3時間
⦿アクセス：起点の荻窪駅へは新宿駅から中央線快速で約10分。終点の東中野駅からは総武線で新宿駅まで約4分
⦿立ち寄りスポット情報：杉並区立郷土博物館分館＝杉並区天沼3-23-1。☏03-5347-9801。9:00～17:00。月、第3木曜（休日の場合翌日）、年末年始休館。無料

日原鍾乳洞

にっぱらしょうにゅうどう

東京都

東京の奥地にひっそりと その口を開ける鍾乳洞に潜る

奥多摩の日原集落は、雲取山や鷹ノ巣山などの登山口としてハイカーには知られているが、一般的には日原鍾乳洞のほうが有名ではないか。鎌倉時代にはすでに修験道者の参拝があったというこの鍾乳洞は、現在は観光鍾乳洞として人気が高く、週末などは駐車場の空き待ちで渋滞が続くことも少なくない。そんな、クルマではちょっと敬遠したくなってしまう場所こそ徒歩旅行。公共交通機関と少しの徒歩でこの鍾乳洞に出かけてみよう。

起点となるのはJR青梅線の終点・奥多摩駅。そこから日原鍾乳洞行き（平日のみ）か東日原行き（全日）の西東京バスに乗り換える。日原鍾乳洞行きが平日のみというのも、週末は一般車による渋滞で身動きがとれなくなるというのが原因らしい。しかし、東日原から歩いても片道およそ30分といったところ。鍾乳洞までただバスで往復するだけという

日原鍾乳洞の入口。真夏だというのに、中からはひんやりとした空気が漂い出てくる。寒がりの人は、夏でも長袖のウェアを用意しておいたほうがいいかもしれない

のも、この深い山懐ではちょっと味気ない。ここはあえて歩く道を選んでみよう。

　バスに乗ること30分ほどで東日原に到着。あとは先へと延びる舗装路に沿って歩くだけだ。やがて正面に稲村岩と呼ばれる巨大な岩峰が現れ、気分も盛り上がる。杉の樹林だった周囲の森に次第にブナなどの広葉樹林が増えてくる。

　小川谷橋を渡り、日原渓流釣り場への分岐を左に分かつと日原鍾乳洞に到着だ。料金を払って対岸へ渡ると、そこには鍾乳洞が黒い口を開けて待っている。入口に近づいてすぐに感じるのは、内部から漂い出してくるひんやりとした冷気。洞内は年間を通じて気温は11℃で安定して

おり、つまり夏は涼しく冬は暖かい。

　入口を入るとすぐに頭がぶつかりそうな狭い穴が続きちょっと不安だが、やがて洞内は大きく広がる。あちこちに岩を諸仏に見立てた名前が掲げられている。

　やがて洞内には広大な空間が現れる。死出の山と名づけられたその界隈は、天井は見上げるほど高く、まるでヨーロッパの教会のよう。やってくる人たちも「こりゃあ、すごい!」と驚きを隠せない。関東地方最大級の鍾乳洞にして、都の天然記念物としての面目躍如である。ライトアップもされている。

　ここから洞内を一度引き返し、途中で新洞と呼ばれる分岐を入る。こちらは昭

鍾乳洞の奥には、小さな入口からは想像できないような大空間が広がっていた。むきだしの荒々しい岩肌に迫力を感じるのと同時に、これが自然の造形物だということに驚く

日原鍾乳洞への道沿いに聳えている巨岩・稲村岩（写真中央）。鍾乳洞にいる間に夕立が降ったようで、周囲には雲がもうもうと漂っていた。上空からは再び日の光が注ぎ始める

和37年に新たに発見されたものだそうで、アップダウンが多いのが特徴だ。何度も急階段を登り、途中で鍾乳洞の定番ともいえる石筍なども眺めたあとは、下って旧洞へ戻ってくる。再び狭い洞内を抜けて入口へ戻る。むっと感じる蒸し暑さが、日常世界への帰還を教えてくれた。

DATA

⦿モデルプラン：JR青梅線奥多摩駅→東日原バス停→日原鍾乳洞→東日原バス停→奥多摩駅
⦿歩行距離：約4.5km
⦿歩行時間：約1時間半
⦿アクセス：起終点の奥多摩駅へは、新宿駅から青梅特快で青梅駅へ。そこから青梅線に乗り継いで約1時間40分。奥多摩駅から東日原バス停までの西東京バスは1時間に1本程度
⦿立ち寄りスポット情報：日原鍾乳洞＝奥多摩町日原1052。℡0428-83-8491。8:00～17:00（12～3月は～16:30）。年末年始休。一般700円

玉川上水

たまがわじょうすい

東京都

江戸時代より続く東京の上水道。
玉川兄弟の苦労に思いをはせつつ

玉川上水は多摩川上流部・羽村から分水して、四谷まで上水を流すために築かれた水路だ。江戸の慢性的な水不足を解消するため、1653年に幕府の命によって行われたこの工事は、全長43㎞にわたる距離を、重機もない時代にわずか1年ほどで完成させたと伝えられている。杉並区より下流はほぼ暗渠化されてしまったが、そこまでは当時の様子をよく残し、上水沿いの道も一部を除いて整備されており、2003年には土木遺産として国の史跡にも指定された。この玉川上水沿いを羽村の分水部分からのんびり歩いてみよう。

JR青梅線羽村駅から南へ延びる道を下っていくと、やがて多摩川の広い河川敷が現れる。そのすぐ手前から分流しているのが玉川上水の起点だ。当初は水量も多く、これだけの水深、水流があればかの太宰治が入水自殺を図ったというのも理解できるが、彼が飛び

玉川上水の起点近くには、難工事を成し遂げた庄右衛門・清右衛門兄弟の像が立っている。ふたりはこの功績を認められて、幕府から「玉川」の姓を名乗ることを許された

込んだ場所とされるのはもっとずっと下流、三鷹付近といわれている。起点ではこれだけある水量も、そこから数百メートルほど下ったところにある水門からさらに狭山湖・多摩湖へと分水され、すぐに水深も30㎝もないような穏やかな流れになる。当時は玉川上水自体の水量がもっと多かったのだろうか。

分水近くには、玉川上水の工事を請け負った庄右衛門・清右衛門兄弟の像が建てられている。羽村から四谷までの標高差はわずかに100m。当時の知識と道具で、よくぞ途中で水を滞らせることなく開通させたものである。僕だったら絶対途中で行き詰まり、どんどん地下深く

多摩川から分水してすぐの玉川上水は、川幅も広く水量も豊富。ここにかぎらず流域にはサクラの木が多く植えられ、江戸時代から花見の名所だった場所も多いらしい

に潜行してしまったことだろう。

遊歩道として整備され、周囲を雑木林に囲まれた上水沿いの道は、歩いていて気持ちがいい。15分ほど歩いたころ、道を挟んで上水とは反対側にちょっとした尾根状の起伏が現れた。尾根沿いには踏み跡もついている。いったいこれはなんだと思って登ってみると、やがてなにもないピークに至り、そしてなにごともなく下って遊歩道に戻ってしまった。

キツネに化かされような気持ちで再び歩き始めると、今度は古民家が現れて、そこから見知らぬおじさんが「寄っていってください」と声をかけてくる。これはいよいよキツネの仕業かと勘ぐったの

誘われるがままに玉川上水沿いの古民家に立ち寄ってみれば、そこは地元のボランティアの人たちが運営するビジターセンターだった。玉川上水の歴史にもくわしい

だが、話をうかがって納得。ここは2年ほど前にオープンした玉川上水のビジターセンターなのだそうだ。『福生加美上水公園ビジターセンター』と呼ばれるこの古民家は、当初は別荘として建てられ、その後は尼寺として使われていたのだという。室内には懐かしい昭和の日常用品が展示されている。

よい機会と先ほどの謎尾根についても尋ねてみると、そこからは玉川上水の意外な歴史が現れてきた。開通当時、多摩川上水のこの部分は、現在よりも多摩川本流沿いに湾曲するように流れていたのだそうだ。しかし大雨が降るとその流域に洪水が絶えず、やむなく開通から90年近く後に流路を変更、そのとき掘り返した残土があの小尾根として残っているとのこと。小尾根はビジターセンターの先にもしばらく続き、そこからは当時の上水跡も確認できた。ビジターセンターを後にしてしばらく歩くと、遊歩道は途切れる。そこからは奥多摩街道を辿り、さらには縫うように上水とつきつ離れつしつつ車道を歩くことになってちょっと残念だが、この部分についてもビジターセンターで教わっていた。

「せっかくの上水沿いを宅地化したかと思う人もいるようですが、あの部分は実は上水を造るときにすでに人家があって、それを避けるように流路が決められたようなのです」

なるほど。強制立ち退きみたいなことはさせなかったのだな。たしかに流域には歴史のありそうな住居が建ち、そこにはその家専用と思われる石橋が架かっていたりもする。

下流に向かうにつれて次第に周囲には新興住宅街が広がるようになり、そろそろ拝島駅も近いかなと思ったところでもうひとつ興味深いポイントが現れた。その名は「水喰土(みずくらいど)公園」。ここは上水掘削当時、異常に水はけのよい砂礫層にぶち当たってしまい、やむなく流路を変更せざるを得なかった工事上の難所。工事に関わった人たちが恨み辛みを込めて「水を喰らう土」と呼んだのが地名として残ったのだという。

この公園を避けるように上水は続き、遊歩道も復活する。しばらく歩けば拝島駅へはあ

苔むした石積みとそこを流れる玉川上水の対比が美しい。個人宅へのプロムナードなのだろうか、歴史を感じさせる小さな石橋がひっそりとかけられていた

と少し。半日徒歩旅行としては、このぐらいがちょうどよいが、遊歩道自体はさらには続く。西武線の玉川上水駅まで歩こうとすれば、拝島駅からはさらに約7km。西武拝島線が併走するように走っているので、体力に合わせて途中駅へのエスケープも可能だ。

DATA

⦿モデルプラン：JR青梅線羽村駅→玉川上水起点→福生加美上水公園ビジターセンター→奥多摩街道→水喰土公園→JR青梅線拝島駅
⦿歩行距離：約6km
⦿歩行時間：約2時間
⦿アクセス：起点の羽村駅へはJR中央線、青梅線で新宿より約50分。終点の拝島駅からは新宿まで約40分。西武拝島線、JR八高線も利用可能
⦿立ち寄りスポット情報：福生加美上水公園ビジターセンター＝福生市大字福生1773。10:00～14:00（土日のみ開館）。無料

国分寺史跡とお鷹の道

こくぶんじしせきとおたかのみち

日本史を彩る数々の史跡と国分寺崖線由来の湧水を辿る小径

東京都

天平時代、日本各地に国分寺を建てたことは歴史の時間に習ったが、東京に住んでいると、そのことと中央線沿線の「国分寺市」がいまひとつリンクしなくなる。しかし、国分寺市の地名由来はもちろん国分寺があったからで、その遺跡を見にいくことに。訪ねてみれば、そこには国分寺のみならず日本の歴史を感じさせるさまざまな遺構があった。

出発はJR中央線の西国分寺駅。南口から延びる道をしばらく南下すると、史跡通りと呼ばれる小径に出る。当然、国分寺史跡に由来する名前だと思ったのだが、通りを紹介するレリーフにはなぜか縄文式土器が。不思議に思いながら歩いていくと、疑問はやがて解決。通りが突き当たったところにあったのは武蔵台遺跡という公園で、ここは、付近で都営アパート建設の際に発掘された縄文時代中期の住居跡を移設したものだそうだ。

それまでに発掘された多くの住居跡は、ただ地面を掘りこんだだけだったのに対し、ここは床に丸い石を敷き詰めてあるのが特徴らしい。僕が山でキャンプをするとき、デコボコを整えて少しでも快適な平地を作ろうとするが、縄文人も似たことをやっていたのだな。

遺跡公園に続いて現れたのは旧鎌倉街道と伝えられる細道。東国の武士団が鎌倉へ赴く際に通った道だそうだ。先ほどの縄文遺跡から時代は一気に5000年ほど遡った計算だ。

鎌倉街道を抜けて、空が広がるところに現れたのが国分尼寺跡。国分寺が男性対象だったのに対し、こちらはその名の通り女生のためのお寺だ。国分寺とセットでこれも授業で教わった。もちろん建物はなにも残っていないが、縦横にきっちりと並べられた柱の要石が、その規模を伺わせる。

ここから武蔵野線のガードを潜ってしばらく歩くと、いよいよ最大のお目当てである国分寺史跡だ。国分尼寺も大きかったがこちらはそれをさらに上回るスケール。全国各地に点在する国分寺史跡のなかでも、とりわけその規模は大きいらしい。広々とした空間には金堂跡をはじめ、七重塔跡や講堂跡なども残っている。いにしえの時代にここで多くの僧が国家の平安を祈っていたのだと思うと、なんだか自分も歴史の生き証人になったようだ。ちなみにここの史跡は、大正11年に国の指定史跡に指定されている。

東西156m、南北に132mという規模を持つ武蔵国分寺跡。完成したのは8世紀半ばと考えられている。背後に湧水が豊富な国分寺崖線を擁していることも、この地に建てられた理由のひとつらしい

国分寺跡からは「お鷹の道」と呼ばれる小径を辿る。ここは国分寺崖線からしみ出た湧水が流れ出す小川沿いを歩く遊歩道。この付近は江戸時代、徳川家の御鷹場に指定されており、そこからこの名がついたそうだ。その水源は「真姿の池湧水群」と呼ばれ、まさに崖線直下に位置している。ホタルの復活を願ってだろう、ホタルの幼虫のエサとなるカワニナを放つ活動が行われているようだ。

ここからしばらくは小川沿いの道を歩くが、やがて両側に民家が建ち並び、道は小川から離れる。それでも小川沿いには人ひとりが歩くくらいのスペースがあり、子ども時代なら躊躇なく攻めるとこ

国分寺崖線からしみ出す湧水を集めて、野川へ注ぐ小川沿いに整備された「お鷹の道」。水は透明で小さな魚たちも泳いでいる。地元の人たちにとって絶好の散歩道だ

ろだが、大人がそれをやると、ヘタをすると通報騒ぎになるので泣く泣く断念。
　国分寺街道に出る手前あたりで再び小川と出合うが、そこにはすでに先ほどの趣はなく、用水路となってやがて野川に合流する。国分寺街道を北上すれば、ゴールの国分寺駅は近い。

DATA

⊙モデルプラン：JR中央線西国分寺駅→武蔵台遺跡公園→旧鎌倉街道→国分尼寺跡→国分寺跡→お鷹の道→JR中央線国分寺駅
⊙歩行距離：約4km
⊙歩行時間：約1時間半
⊙アクセス：起点の西国分寺駅へは中央線で新宿駅から約30分。武蔵野線も利用可能。終点の国分寺駅から新宿駅へは中央線特別快速を利用すれば約20分。西武国分寺線、多摩湖線も利用可
⊙立ち寄りスポット情報：武蔵国分寺跡＝国分寺市西元町1～4丁目付近。℡042-300-0073（国分寺市ふるさと文化財課）

さんけんきょうと やなかむらあと

三県境と谷中村跡

日本で唯一!? 平地に交わる、三つの県の境目を見にいく

埼玉県 群馬県 栃木県

栃木県
群馬県
三県境
埼玉県

渡良瀬遊水池は、群馬、栃木、埼玉、茨城が接する広大な遊水池だ。以前、この周辺を歩いて旅するコースを考えられないものかと周辺の地形図を広げたことがあった。そして、じっくりと地形図を眺めているうちにある種の違和感を持った。なにかいつもとは違う感覚。なんだろうと思い、地形図上にその理由を探したところ、やがて判明。その理由は県境にあった。なんていうことのない田んぼのなかに、いきなり栃木、群馬、埼玉の三県県境があったのである。通常、県境といえば、川や山の尾根など自然の地形に沿って設定されることが多い。それがなんでこんなところに。

地形図をもとにさっそく現地へ行ってみる。東武日光線の柳生(やぎゅう)駅から歩いて10分もかからないところに、それはあった。本当になんていうことのない田んぼだ。車道から田んぼ

の畦道をやや入ったところに、手作り感あふれる「三県境」の立て札が立てられていて、その下には「基点」と刻印された標柱が設置されていた。正直、この立て札がなければ、見つけるのは困難だっただろう。おそらく、僕と同様にこの場所に興味を持った人がときどき現れて、田んぼの持ち主にあれやこれやと質問したのだろう。そして質問されるほうも立て札を立てておけば、みんな納得してくれると考えたのだろう。そんな経緯があったのではないだろうか。地図上に見つけた珍スポットが実在し、そして自分以外にも訪ねる人がいることを知り、ちょっとうれしくなってこの地をあとにしたのは2015年のことだった。

ところが最近、この三県境に異変が起きているという噂を聞き、再訪してみることにした。前述の通り、起点となるのは柳生駅。小さな駅を出て、踏み切りを渡るとすぐに異変に気がついた。道路端のあちこちに「三県境」と記された道標が点々と立てられているのである。これに従っていけば、地図なしでも到着できるだろう。しかし肝心の三県境があの質素さでは、ちょっとバランスが取れないなあと思いながら歩いていったところ、それは杞憂であった。3年前には畦道でしかなかった入口が、なんと舗装された立派な遊歩道になっている。この舗装道は県境までしか延びていないので、三県境のために造成されたのは明らかだ。古い標柱が一本あっただけの現場には、「三県境界」と刻印された新しい標柱が打ち直され、その周囲には栃木、群馬、埼玉の領土?をわかりやすく表示。手前には写真撮影用台も設置されている。ここから写真を撮れば「三県を股にかけるオレ」が撮れるのだろう。ベンチも設置されている。新設されていた説明板（やはり手書きだが）には、ここが日本で唯一の平地三県境であることが記されている。これはもはや珍スポットではなく、ちょっとした観光地といってよいかもしれない。僕が現地にいる間にも、ここ目当ての夫婦と思しき人がやってきて、しげしげと眺めていた。

田んぼのなかに忽然と現れる埼玉県・群馬県・栃木県の県境。右の写真が2015年のもので、左の写真が2018年。わずか3年の間にずいぶん整備されていることがわかる

水路を境に、どこの所属かわかりやすく表示された県境。周囲はどの県もお米の収穫が間近の田んぼ。こうやってみると、「県」っていったいなんなんだろうなと思ってしまう

そもそも、なぜここが日本唯一といわれる平地の三県境となったのか。実はそこには渡良瀬遊水池の歴史が関係していた。渡良瀬遊水池はもともと、足尾鉱毒事件で発生した鉱毒を沈澱させるために作られた人工の池だ。この池ができる以前には、この三県境地点は旧渡良瀬川と旧矢田川との合流地点にあたり、まさに自然の地形に沿って設定された県境だったのだ。それがやがて遊水池造成のために流路を変えられ、さらに耕作地として整備されて現在に至ったのだという。2016年にはあらためて三県境を確定する測量が行われ、本当に観光スポットとして期待されているようだった。

渡良瀬遊水池の一画にひっそりと残る谷中村跡。ただ一面の草原で、ところどころに「大野孫衛門屋敷跡」や「大野音次郎屋敷跡」といった標柱がポツンポツンと立っているのみ

ちなみに、この三県境から渡良瀬遊水池方面に向かえば、遊水池造成のために強制的に立ち退かされ、廃村とされた旧谷中村跡を訪ねることもできる。明治にも、国家的事業に端を発した人災で故郷を追われた人々がいたことを再認識するのも、悪いことではないだろう。

DATA

⦿モデルプラン：東武日光線柳生駅→三県境→渡良瀬遊水池→谷中村跡→東武日光線板倉東洋大前駅
⦿歩行距離：約6.5km
⦿歩行時間：約2時間半
⦿アクセス：起点の柳生駅へは東京駅からJR上野東京ラインで栗橋駅まで約1時間5分。栗橋駅から東武日光線で約10分。終点の板倉東洋大前駅からは栗橋駅まで約12分
⦿立ち寄りスポット情報：渡良瀬遊水池＝📞0280-62-2420（国土交通省利根川上流河川事務所）。9:30～17:00（11月は～16:30、12～2月は～16:00）。月曜（休日の場合翌日）、年末年始休。無料

第4章 自然を満喫する徒歩旅行

海を望む森、宇宙を感じる天文台、そして近郊の山から望む絶景の数々。徒歩旅行で地球との距離を実感してみよう。

ブドウ畑を抜けた先にかかっていた小さな吊り橋からは、日川の美しい渓流をのぞくことができた。この水も勝沼のブドウ栽培に貢献しているのだろうか

国立天文台と神代植物公園

こくりつてんもんだいと
じんだいしょくぶつこうえん

東京都

宇宙の壮大なスケールと、植物の多様性をくらべる旅へ

子どものころから図鑑が好きで、本棚にはボロボロになって本の体裁をなさなくなった図鑑が何冊も並んでいた。なかでもボロボロ具合がひどかったのが植物図鑑と天文図鑑。植物図鑑は身近に生えている植物の素性を知ることができるのがうれしかったし、天文図鑑は、宇宙への憧れから図鑑に描かれた星々の絵を模写して、それでお手製の『宇宙の星カード』を作ったりもしていた。そんな僕にとって天文台と植物園をハシゴできる今回の徒歩旅行は、人並みならぬワクワク感にあふれるコースだ。

起点はJR中央線の武蔵境駅。駅から延びる「かえで通り」をまっすぐ南下していく。交通量の多い道だが、車道と歩道、そして自転車道もしっかり分離されていて歩きやすい。東八道路にぶつかったら右折して、そのまま天文台通りへ入ってもよいが、車道歩きも

ちょっと飽きたので、天文台通りと併走している手前の細い道を左へ。すると風景は一変。住宅街と畑がモザイクのように混在した街並みが続く。

地図を眺めながら、このへんだろうとあたりをつけて右に曲がってみると、正解。国立天文台の正面に飛び出した。緑に埋もれるように立つ正門。そしてその脇に建つ木造三角屋根の守衛室が歴史を感じさせる。

ありがたいことに見学は無料だ。守衛室で申し込みをすると見学者用のワッペンをくれるので、それをわかりやすいところに張っていざ天文台へ。

天文台といっても、ただ単に例のドーム型をした建物がポツンとあるわけではない。広い敷地内には、世界最先端の観測施設が整備されており、まさに日本の天文観測の中枢ともいえる場所なのだ。もちろんそのすべてを一般人が見学できるわけではないが、それでも見学可能な場所については僕たちにもわかりやすく解説をしてくれている。

まず向かったのは天文台最古の建造物にして、国の登録有形文化財にも指定されている「第一赤道儀室」。天文台のイメージそのままの形をしたこれは1914年に完成、太陽黒点の観測に活躍したものだそう。ちなみに内部にある望遠鏡はドイツのカール・ツァイス製！　カール・ツァイスという響きにわけもなくグッとくるのは、僕だけか。

天文台といえば、やっぱりこのドーム状の建物が象徴的だ。1921年に建設された第一赤道儀室は、口径20cmのカール·ツァイス製望遠鏡を内蔵し、60年にわたり太陽の黒点観測を行った

そこからは太陽系ウォークと呼ばれる、実際の太陽系の惑星間距離を140億分の1に縮尺、歩くことでその距離感を実感できる小径を通り、アインシュタイン塔と呼ばれる塔状の観測施設や、最新の観測結果がまとめられている展示室を巡っていく。132億光年先の銀河だとか、人間の視力に換算すると視力6000に匹敵する解像度を持った望遠鏡とか、あまりにも現実離れしたスケールに圧倒される。宇宙は好きだったけれど、そちら方面の仕事に就かなかったのは正解だった。そもそもそんな理系脳もないけど。

国立天文台を後にして、次は神代植物公園へ。この間は歩いて15分ほどの距離だが、こまごまとした住宅街を抜けるとあってちょっと迷いやすい。僕も道を少し行きすぎてしまい、地元の老夫婦に正しい道順を教えてもらった。

　神代植物公園は、もともとは都内に植える街路樹などを育てるための苗園だったものを、1961年に唯一の都営植物公園として開園した。園内には、バラ園やツツジ園、シャクナゲ園など、多種多様な植物がブロックごとに植えられている。お目当ての花があるのなら、開花状況を確認しておくのがお勧めだ。

　今回僕が目指したのは、2016年にリニューアルオープンしたばかりの大温室。ここには熱帯植物や食虫植物、多肉

なんというか、この怪獣的な姿が多肉植物やサボテンの魅力のひとつでもある。とくに写真左の植物は「キソウテンガイ」というまさに奇想天外な標準和名をもつことで知られている

植物などが数多く育てられており、その異形ともいえる姿には目が釘づけだ。地球にはこんなにも多彩な植物がいるのか。先ほど国立天文台では宇宙における地球のちっぽけさを痛感したばかりだというのに、今度はそのちっぽけな地球にはこんなにも多くの植物が生きているというギャップに衝撃を受ける。

もうマクロだかミクロだかわからない状態でちょっと頭が混乱してくるが、そんなときでも腹は減る。神代植物公園から深大寺へ向かって、名物の蕎麦をいただくことにしよう。ダンドリのよいことに、神代植物公園には深大寺門と呼ばれる出口があり、そこから出るとすぐ目の

季節の花や温室だけでなく、広い雑木林を有するのも神代植物公園の魅力のひとつ。コナラやクヌギなどの森を抜けて、隣接する古刹・深大寺へ抜けることができる

奈良時代に開創されたと伝えられる深大寺。毎年3月に行われる「だるま市」には多くの人が訪れるほか、門前の店が供する深大寺そばも有名。神代植物公園も、もともとは深大寺の寺領だった

前が深大寺なのだ。

門前に並ぶ店の一軒に入り、まずは蕎麦を食べたうえでお参りへ。門前の店は閉まるのが早いので、この順番は間違ってない。深大寺は厄除け祈願でも知られている。ここからは三鷹通りを南下すれば、京王線布田駅まで30分ほどだ。

DATA

⦿モデルプラン：JR中央線武蔵境駅→国立天文台→神代植物公園→深大寺→京王線布田駅
⦿歩行距離：約9km
⦿歩行時間：約3時間
⦿アクセス：起点の武蔵境駅へは中央線快速で新宿駅より約22分。終点の布田駅からは、京王線を途中で急行に乗り換えて新宿駅へ約30分
⦿立ち寄りスポット情報：国立天文台＝三鷹市大沢2-21-1。📞0422-34-3600。10:00～17:00。年末年始休。無料。神代植物公園＝調布市深大寺。📞042-483-2300。9:30～17:00。月曜（祝日の場合翌日）、年末年始休。一般500円

八国山緑地

はちこくやまりょくち

東京都
埼玉県

ジブリアニメの原点ともいえる、小さな里山を訪ね歩く

『となりのトトロ』といえば、いわずと知れたジブリアニメの代表作。昭和30年代の日本の農村を舞台に、そこへ越してきたふたりの姉妹と「おばけ」との出会いと交流を描いた作品だ。この作品に登場する場所のモデルのひとつが、東京都と埼玉県の県境に位置する狭山丘陵周辺というのはよく知られている。なかでも八国山緑地はアクセスもよく、天気のよい午後にふらりと訪ねてみるのにぴったりだ。都心からほど近いこんな場所に、かくも深い雑木林が残されていることに驚くだろう。

出発は西武新宿線の東村山駅。駅の東口を出たら、まずは西武新宿線の線路からつかず離れずに北へ辿っていく。このとき通る道が、細いながらも緩やかにうねるように延びていて、なかなか趣のある道だなと思ったら看板を発見。なんと鎌倉街道の一部なのだそう

ありふれた住宅街の脇から細い小径に入っていくと、周囲はいきなり静かな雑木林に変わる。地元の人だろうか、ときどき散歩中の年輩のかたとすれ違い、挨拶を交わす

だ。鎌倉街道と呼ばれる古道、関東各地に見られるので不思議に思っていたのだが、実際にいくつも存在したようで、東国の各地から「いざ鎌倉！」と、板東武者が馳せ参じた道を総称してこう呼んでいるのだった。

やがて丁字路に突き当たったらそこを左へ。線路を渡って住宅街を抜けると道はいよいよ八国山緑地の山道となる。入口の直前には「久米川（くめがわ）古戦場跡」の石碑があり、これぞまさに新田義貞が鎌倉を目指して戦い進んだ史跡だ。

住宅脇からすぐに東京都と埼玉県を隔てる尾根道に入る。しばらくは登りが続くが、たいしたことはない。それよりも目を奪われるのは周囲の雑木林だ。新宿から40分ほどで着くバリバリのベッドタウンに、よくぞこれだけの緑が残っていたものだ。実際のところ、埼玉県側は尾根道のかなり近くまで住宅街が延びているのだが、ギリギリで食い止めた印象だ。周囲に生い茂る樹木はクヌギをはじめとする広葉落葉樹が多く、夏になればクワガタやカブトムシもいるだろう。それを証明するかのように木々の腰あたりが泥で汚れている。これはきっと、近所の子どもたちが樹上のクワガタを落とすために蹴飛ばしてついた跡に違いない。ハイ、僕も子どものころよくやりました。

尾根伝いから一度斜面を南へ向かうと、突然日差しが降り注ぐ広場が現れた。ここは「ほっこり広場」と呼ばれていて、森のなかの絶好の休憩ポイントになっている。ベンチ以外には余計な人工物がなにもないのもいい。こんなところでお弁当でも食べていたら、それこそ木陰からトトロが顔を出しそうだ。

ここからさらに下った斜面に建っている新山手病院、東白十字病院は、『となりのトトロ』の主役、さつきとメイのお母さんが入院していた七国山（！）病院のモデルになったといわれている。もちろん現在では近代的な建物になっているけれど。ちなみに八国山という名前の由来は、上野、下野、常陸、安房、相模、駿河、信濃、甲斐という八カ国を望める

尾根道から下っていくと、突然開けた場所に飛び出した。ここは「ほっこり広場」と呼ばれる場所で、樹木に囲まれた原っぱ。テーブルとベンチも用意されているので、ランチにも最適だろう

ほど眺望がよかったことから名づけられたらしい。

このあたりからはいくつもの道が錯綜しているが、あまり細かいことは気にせずに自由に歩いてみる。万が一迷ったところで、下っていけばすぐに住宅街に出るのだ。

周囲からはさまざまな野鳥の声が聞こえてくる。新緑の季節だったので、緑に隠れてその姿はあまり見ることができなかったが、ここにはコゲラ、アカハラ、ツグミ、シメなどが生息しているらしい。野鳥にくわしい人なら鳴き声だけでいろいろ判別できるんだろうな。残念ながら僕にわかったのは、「チョットコイ、チ

ヨットコイ」のコジュケイだけだったけれど。

ここから、ちょっとした湿原を思わせる「ふたつ池」や、思わず寝そべりたくなる「ころころ広場」を抜けると、やがて八国山緑地の西側出口に至る。そこから西武西武園線の終着駅・西武園駅まではすぐの距離だ。電車に乗れば、ひと駅でスタートした東村山駅へ戻ることができる。

ここまで来たのならもう少し『となりのトトロ』的な出会いもしてみたかったなと思いつつ駅に向かったところ、どうやらこの日は西武園競輪の開催日だったようで、ぞろぞろと現れたのは、さつき

八国山緑地には池もいくつかあって、季節によっては周囲に湿性植物が育っている。見ている間にもさまざまな野鳥が飛来し、近くではトンボが産卵していた

ひときわ鳥の大きな鳴き声が聞こえたので、そっとのぞいてみると、あまり見たことのない鳥がいた。後で、図鑑で調べたところ、ガビチョウと判明。特定外来生物に指定されている鳥だった

やメイが見つけた「まっくろくろすけ」ではなく、ギャンブルでスッカラカンになったと思われる苦虫顔のおじさん軍団だった。

まあ、こちらも子どもではなく立派なおじさんなので、これはこれでしかたあるまい。

DATA

⦿モデルプラン：西武新宿線東村山駅→久米川古戦場跡→八国山緑地→西武西武園線西武園駅
⦿歩行距離：約5km
⦿歩行時間：約2時間
⦿アクセス：起点の東村山駅へは西武新宿線急行で高田馬場または西武新宿駅より約30分。終点の西武園駅からは、東村山駅で急行に乗り換えて高田馬場駅へ約35分
⦿立ち寄りスポット情報：八国山緑地＝東村山市諏訪町2～3、多摩湖町4。✆042-393-0154

かつぬまのぶどうばたけ

勝沼のブドウ畑

山梨県

一面緑色に輝く丘陵地帯を抜けるカントリーウォーク

新宿を出発した中央本線が甲斐大和駅を過ぎ、トンネルを抜けると眼下には緩やかにうねる緑の丘陵地帯が広がっていた。太陽光を反射してキラキラと輝くそのさまは、一瞬、田んぼ?と勘違いしてしまいそうだが、もちろんそんな斜めの田んぼがあるわけはなく、それらはみんなブドウ畑なのだった。あのブドウ畑のなかをのんびりと歩いてみたい。この徒歩旅行はそんな思いつきから始まった。

起点となるのは中央本線の勝沼ぶどう郷駅。そのままずばりの駅名だ。ここは、もともとはシンプルに勝沼という駅だったが、1993年に「名は体を表す」ためかどうかはわからないが現在の駅名に変更になった。

駅を出たら、まずは線路沿いに甲斐大和方面へ戻るように歩いてみよう。この駅は

数年前までは歩いて通ることができた大日影トンネル。全長1367mに及ぶ長いトンネルで、南側を出た先にはトンネルを転用してつくったワインカーヴもある

1968年までスイッチバックを備えた駅だったのだが、線路際には今も当時の遺構が残されている。

奥にある細い階段を登ると眼前に大きなトンネルが現れる。これは大日影トンネルと呼ばれ、1997年、隣りに新大日影第二トンネルが開通したことで役目を終えた。実はこのトンネル、以前は遊歩道として整備され、トンネルの向こう側まで歩くことができたのだが、その後経年劣化が指摘されて、現在は入れなくなっている。鉄道のトンネルを歩くというのはなかなか新鮮な経験だけに、できるだけ早い再開を期待したい。

トンネル入口の手前に延びる道を入る

高台から遠くに目をやれば、彼方まで緑のじゅうたんのように広がるブドウ畑が見渡せ、その向こうには、雄大な南アルプスの山々がうっすらと視認できた

と、周囲にはいきなりブドウ畑が広がる。季節は初夏とあって、ブドウの葉っぱの新緑が美しい。元気よく伸びるブドウのツルが道端にまで広がっている。この道はすぐにフルーツラインと呼ばれるクルマや自転車で快適に飛ばしたくなるような舗装路にぶつかるのだが、心配無用。そのフルーツラインを縫うように細い農道が続いており、それを辿りながら古刹・大善寺まで歩くことができる。周囲は思い描いていた通り、一面のブドウ畑。高台からは広がる甲府盆地、そして天気がよければその向こうに聳える南アルプスの峰々も一望できる。唯一、フルーツラインを横断するときだけはクルマに気を

まだ小粒ながらも畑にはすでにブドウがしっかり実をつけていた。
僕にはどれも同じに見えたが、実際には生食用からワイン用まで、
何種類ものブドウが育てられている

つけよう。

大善寺は行基上人によって創設されたといわれる歴史あるお寺で、甲斐武田氏の庇護を受けたことでも知られている。数々の重要文化財も安置されているので、興味ある人は立ち寄ってみたい。

大善寺からは車道の反対側に渡って再びブドウ畑へ。途中、太郎橋で谷深い日川を渡り、清浄な水が流れる用水路とブドウ畑にはさまれた畦道を辿って、国道20号をガードでくぐる。趣のある小径があったので思わずカメラを向けていると、ブドウ畑で作業中だったおばあちゃんがいきなり「あらあら、写真ですか。ご苦労さまですねえ」と声をかけてきた。農

作業中のおばあちゃんのほうがよっぽどご苦労さまだと思うのだが、それはさておき、せっかくなのでブドウ畑について少し話を聞かせていただく。

「今の作業？ 季節としてはもう剪定は終わっていて、伸びてきたツルを支柱に誘引させているの。これがステューベンという品種でとにかく甘いのね。こっちはベリーAで、それは甲州。どっちもワイン用。とくに甲州は、最近海外からも引き合いが多くて、品薄なんだって！」

おばあちゃんもワインを飲むのか尋ねると、「まあ、少しね」と恥ずかしそうに笑う。これは相当いける口とみたぞ。

「今度は9月に来てみて。そうしたらブドウをあげるから」というおばあちゃんにお礼をいって、再び歩き始める。

小径はやがて車道にぶつかり、そこからは祝橋を渡って甲州街道へ。ここからはどの道を通ってもずんずんと北上していけば、やがて勝沼ぶどう郷駅へ至るのだが、最後にもうひと頑張りして複合施設『ぶどうの丘』を目指そう。ここはその名の通り丘の上に位置し、最後の最後でこの登りはちょっと厳しいが、行けばすてきなご褒美が待っている。施設の地下に併設されているワインカーヴでは、タートヴァンと呼ばれる試飲用の容器を購入すれば、約200種類常備されている地元産のワインを自由に試飲できるのだ。自分の好みのものが見つかったら、上の階にあるショップで購入。酔い覚ましに駅までのんびり歩いて、電車に乗ったらあとは新宿まで爆睡。これにて勝沼の徒歩旅行、無事完結なり。

複合施設「ぶどうの丘」では、地元産のワインを思い切り試飲できる（写真上）。駅の近くには、駅名が「勝沼ぶどう郷」になる前の、「勝沼」時代の木製駅名標も保存されていた（写真下）

DATA

⊙モデルプラン：JR中央本線勝沼ぶどう郷駅→大日影トンネル→大善寺→ぶどうの丘→勝沼ぶどう郷駅
⊙歩行距離：約8km
⊙歩行時間：約3時間
⊙アクセス：起終点の勝沼ぶどう郷駅へは新宿駅から中央線快速で高尾へ、そこから中央本線に乗り継ぎ約2時間
⊙立ち寄りスポット情報：ぶどうの丘＝甲州市勝沼町菱山5093。℡0553-44-2111。ワインカーヴは9:00～17:30。例年、1月第3週頃に1週間ほど休業。タートヴァン1100円

子ノ権現

ねのごんげん

埼玉県

足腰の健康に御利益ありの山寺で、徒歩旅行の安寧を祈る

徒歩旅行を愛する身としては、足腰の健康状態は気にかかる。年齢に応じて少しずつ体力が落ちつつあるのはやむをえないとはいえ、それでも少しでも歯止めはかけたい。そこで思いついたのが神頼み。奥武蔵の山中にある子ノ権現というお寺は足腰の守護に御利益ありと聞いて、ここぞとばかりに足を延ばした。

子ノ権現まではクルマでも行けるが、そこは足腰守護。最寄りの西武秩父線西吾野(にしあがの)駅から山道を歩いていきたい。とはいっても駅からたかだか1時間半ほどだ。駅から飯能方面に戻るように歩くと、15分ほどで右へ細い舗装路が分岐するのでそこを入る。

道沿いにはポツポツと古い家が散見するが、それがなくなると道も登山道に変わる。道は杉林のなかを少しずつ高度をあげていく。途中、若干傾斜がきついところもあるが、全

奥武蔵の山中にひっそりと建つ子ノ権現天龍寺。911年の創建。足腰の守護の神仏として知られ、スポーツ選手からハイカーまで、足腰勝負の人の信仰を集めている

体として緩やかな登り坂。もうそろそろかというところで、別方面から上がってきた舗装路に合流するので、そこからはそれを辿れば子ノ権現に到着だ。

　立派な山門をくぐれば小規模ながら参道には売店も並び、最近ではほとんど見かけなくなった三角ペナントなども並んでいて、昭和生まれの心をわしづかみにする。

　境内に入るとまず目に入るのが、重さ2トンともいわれる巨大な鉄のワラジ。これは御利益がありそうだ。また絵馬の代わりに、かわいらしいワラジを掛けるのもおもしろい。僕もここぞとばかりに、いつもよりお賽銭をちょっとだけ奮発。

子ノ権現を後にしたら、来るときに歩いた舗装路に戻り、すぐに現れる「吾野駅方面」の指導標に従って再び登山道へ。この登山道は往路にくらべるとやや傾斜が強いが、それほど長くは続かないので、あせらずじっくりと下ろう。

30分ほど歩くと下山口。そしてそこには一軒の茶屋が現れるので、本日のご褒美としてここでゆっくり大休止。浅見茶屋というこの茶屋の建物は、安政2年に建てられたものをそのまま今も用いているそうで、雰囲気は抜群だ。安政2年といえば今から160年以上も昔のこと。当時、江戸では桜田門外の変で井伊直弼が暗殺されたり、ペリーが来航したりと大騒ぎだったころだ。それから30年の後には、この奥武蔵の先、秩父で日本初の民主革命といわれる秩父事件が起きている。

昔は障子や襖で部屋分けされていたと思われる店内は、それらを取っ払って開放的な雰囲気だ。最近ではあまり見なくなった格子ガラスの窓が趣深い。名物は手打ちうどんとのことなので、肉汁釜揚げうどんを注文。

ここから先は車道が通っているとあって、ドライブのついでに寄っていると思われるお客さんも多い。やがて運ばれてきたうどんは、コシというよりはもはや歯ごたえといったほうが伝わりやすいのではと思うくらいしっかりとしたもの。噛むごとに小麦の香りが口

子ノ権現から吾野方面へ降りてくると、登山道が切れたところで現れるのがこの浅見茶屋。ここからは舗装道を歩くだけというダンドリ的立地のよさに、ついつい寄りたくなってしまう

西吾野から登山道に入ってしばらくしたところで出会った珍しいお地蔵様。六角柱のそれぞれの面にお地蔵様が彫られており、「六角地蔵尊」と呼ぶらしい。「宝暦」の文字がかすかに読めた

に広がる。足腰の願かけもすませ、美味しいものも食べ、なんだか妙に幸せな気分になり、思わず「ビール！」と声をかけそうになったが、よく考えたらここからゴールの吾野駅までは、まだ1時間半の車道歩きがあるのであった。自重自重と。まさにお茶でお茶を濁した。

DATA

⊙モデルプラン：西武秩父線西吾野駅→子ノ権現→浅見茶屋→西武秩父線西吾野駅
⊙歩行距離：約8km
⊙歩行時間：約3時間
⊙アクセス：起点の西吾野駅へは池袋駅から西武池袋線、西部秩父線を乗り継いで約1時間25分。終点の吾野駅から池袋駅までは約1時間20分
⊙立ち寄りスポット情報：子ノ権現＝飯能市大字南461。📞042-978-0050。浅見茶屋＝飯能市大字坂石1050。📞042-978-0789。11:00～16:00頃。水曜、第四木曜休

弘法山（こうぼうやま）

神奈川県

ピクニック気分の山歩きに最適な、弘法大師由来のプチ三山

ちょっとだけ山を歩きたい、というときがある。どこか展望のよい尾根で、ピクニック気分でお弁当を広げたい。この弘法山はそんなときにうってつけだ。

起点となるのは小田急線の秦野（はだの）駅。駅を出ると目の前に大山（おおやま）の秀麗な山容が見える。神奈川県民の心の山ともいえるお馴染みの山だが、半日ではそれでさえちょっとハードルが高い。大山からズズッと視線を東に移せば、目に入ってくるのはこんもりと緑に覆われた小さな小さな山。それが弘法山だ。駅前を流れる水無川に沿って登山口を目指そう。途中、道をちょっとそれると「弘法の清水」と呼ばれる湧水があるので、そこで地下深くから湧いてくる冷たい水を水筒につめていくのもいいだろう。

登山道はいきなり階段状の道から始まる。この手の道を歩くとき、毎度「いったいこの

浅間山の山頂から秦野の町を振り返る。建物が建ち並ぶ市街地の向こうには丹沢山塊が迫っており、さらにその先には富士山が想像以上の大きさで聳えている

階段のピッチは誰の足の長さに合わせているんだろう」と愚痴りたくなるが、ここもその例にもれず、階段通りに歩けばけっこう脚に負荷がかかるし、二歩に分けて歩くにはピッチが短い。まあ、自然環境のなかに作っているのだから、駅の階段のようなわけにはいかないのだろう。

そんな階段道を九十九折りに登っていくと、約20分でひとつ目の山である浅間山山頂に到着だ。そう、弘法山は単独の山ではなく、浅間山、権現山、そして弘法山という三つのピークを持つ山なのだ。浅間山の頂上からは、その名前に相応しく、天気がよければ富士山の雄大な姿を拝むことができる。

浅間山からは、樹木に囲まれた尾根状の道を行く。途中、鞍部を抜ける車道を渡るのがちょっと興ざめだが、市街地に近い環境なので、それもやむを得ないだろう。鞍部から少し登り返せば二つ目の山、権現山だ。浅間山からは10分ほどか。権現山頂上には立派な展望台があり、天候次第では、遠くに伊豆大島を望むこともできる。丹沢山塊が意外と海に近いことを知る一瞬だ。周辺はバードサンクチュアリにも指定されており、野鳥の水飲み場、そしてそれを観察するための観察小屋も設けられている。

権現山からは、尾根上にいきなりクルマも通れそうな広い道が延びていてちょっとびっくり。自動車は入ってこられない場所なのに、なんでこんな道が。実はこの道は、昔、在郷の農民たちが草競馬を楽しむためにつくられたのだとか。現在も「馬場道（ばばみち）」の名で親しまれ、春には桜の名所でもあるそうだ。

馬場道をしばらく辿ったところで、いよいよ弘法山への分岐が現れる。ここをエイヤと登りきれば山頂だ。これにて弘法山三山に無事完登。権現山からは15分ほどの距離だ。弘法山はその名の通り、弘法大師が修行をした場としても知られ、山頂には釈迦堂が建つほか、「乳の井戸」と呼ばれる井戸もあり、ハイカーの喉を潤してくれている。

山頂からは、先ほどの分岐まで戻って尾根の北に下ると、「めんようの里」という羊の

弘法山から北側に下ったところには「めんようの里」と呼ばれる施設があり、道沿いにヒツジの放牧場が広がっている。「ザ・草食」とでもいうべきこの表情に、こちらの顔も思わずゆるむ

放牧施設があり、のんびりと草をはむ羊たちの姿を眺めることができる。羊ってどうしてこうも和むのか。あ、隣にはジンギスカンを楽しめるレストランもあるので、食欲が先に立つ人はそちらへ寄るのもよい。そこからは、山麓を回り込むように車道を歩いて秦野駅を目指そう。

DATA

⊙モデルプラン：小田急小田原線秦野駅→弘法の清水→浅間山→権現山→弘法山→秦野駅
⊙歩行距離：約7.5km
⊙歩行時間：約2時間半
⊙アクセス：起終点の秦野駅へは新宿駅から小田急線急行で約1時間10分
⊙立ち寄りスポット情報：弘法の清水に代表される秦野盆地の湧水群は、環境省による全国名水百選にも選定されている

東京港野鳥公園

とうきょうこうやちょうこうえん

東京都

東京港の干潟を眺めつつ、即席バードウォッチャーになる

野鳥を見分けるのが苦手だ。魚類なら平均以上は知っていると思う。昆虫もそれぐらいは知っているはずだ。ところが野鳥ときたらてんで弱い。もちろんスズメやカラスといった日常でよく見るものや、メジロやヒヨドリのように特徴的なものならなんとかなるのだが、それ以上はさっぱり。その原因を考えるに、魚や虫は子どものころに「捕まえる」対象だったのに対し、鳥はそうではなかったことがあるのではないか。実際に自分の目で見て、手でふれたものは覚えられるのだ。ならば鳥も図鑑ばかり眺めていてもしかたがない。捕るのは無理としても、せめて実物を眺めて覚えられるようになろうではないか。そんな意志のもとに向かったのが東京港野鳥公園だった。

東京モノレールの流通センター駅で下車する。東京モノレール自体、羽田空港へ行くと

東京港野鳥公園正門から入り、東側の観察スペースを目指す。新緑の樹木、苔が育った地面、季節の花々など、周囲にトラックが走り回る東京港の物流拠点のイメージとはかけ離れた風景だ

き以外はあまり乗る機会がない。駅を出てすぐ先で交差する環七には、大型トラックや、トレーラーがひっきりなしに走っている。流通センターという駅名もそうだが、やはりこのへんは物流倉庫やトラックターミナルが集中しているのだろう。こんなところに果たして野鳥公園なんてあるのだろうかと、少々不安になりながら歩くことしばし。

やがて右手のフェンスに、近くから見るには大きすぎて字を追えないほどの「都立東京港野鳥公園」という巨大な看板が現れ、そのすぐ先が入口だった。

入場料を払いさっそく園内へ。園内は大きく東側と西側に分かれているが、野

水辺に訪れる野鳥を観察するための小屋。水辺側からは人の姿がわかりにくい構造になっている。椅子や望遠鏡も設置されているので、特別な道具なしでも野鳥観察を経験できる

鳥を観察するには干潟があるほうがよかろうとまずは東側を目指す。なかの小径は周囲を鬱蒼とした樹林に囲まれ、薄暗い曇りの日だったこともあって、いきなり深い森に迷い込んでしまったような錯覚に陥る。ときおり環七を走るトラックの走行音が響いてくるのが残念だ。

やがて前方に「潮入りの池」と呼ばれる、海水が出入りする池が現れたので、そこに設けられた観察小屋に潜り込んで野鳥探し開始。しばらくの間は視界には野鳥は現れず、「全然いないじゃないか」と憮然とした気持ちになったが、そのうち、どこからともなく彼らはやって来た。

白くて大きな翼を羽ばたかせて着水し

たのはシラサギ。ここまでは今まででもわかる。しかし今回は野鳥を見分けられることを目的に来たのだから、もうひと頑張り。受付でもらった「鳥ガイド」を参考に、さらに絞り込む。シラサギにはダイサギ、チュウサギ、コサギがいるそうだが、どうやらコサギではないようだ。しかし大と中のどちらかとなると難しい。大きさからいってダイサギかな？

次に現れたのが、手前の干潟をちょこまかと落ち着きなく歩き回る中型の鳥。これまでならまったく名前がわからない鳥だが、先ほどのガイドを参照するとコチドリと判明。「目のまわりの黄色いリングが特徴」とあるがまさに！　やはり

観察小屋に腰を落ち着けて待つことしばし。やがて大きな白い翼を広げながらサギが飛んできた。田んぼなどで出会うサギは警戒心が強く、すぐに飛んでいってしまうが、ここではじっくり観察できた

実学は大切だ。おそらく今後、コチドリについては見分けられることだろう。

さらにしばらくすると飛来したのが、姿は先ほどのダイサギに似ているが、羽の色が青灰色だ。一瞬、ダイサギの幼鳥かと思ったが、これもガイドで判明。アオサギだ。水辺を優雅に歩いているのは、水中のエサを探しているのだろうか。

これ以外にも遠くのほうに、カモのような鳥が集団で水面を泳いでいたのだが、残念ながら距離がありすぎて僕の鳥目（鳥を見分ける眼力）では判別不能。探鳥一年生にとっては、このぐらいが限界のようだ。実は園内の掲示板に、一週間ほど前にチョウゲンボウが観察できたという書き込みがあり、こっそり期待していたのだが、さすがにそんな強運は持っていなかった。ちなみにチョウゲンボウというのは、僕でも名前だけは知っているハヤブサの仲間だ。

一度入口付近まで戻って、今度は西側へ。１９７８年にこの公園ができたときには、この西側のみでの開園だったそうだ。こちらには淡水の池があって、日によってはカワセミやウグイスなども観察できるようだが、残念ながらこの日は見られず。それ以外にも自然生態園と呼ばれる一角があり、小さいながらも田んぼ、そしてその傍らには小川が流れ、里山の光景が再現されている。もう少し季節が進めば、カエルやクワガタも現れるそうだ。

東京港野鳥公園の西側には、里山の環境を再現した一画があり、そこでは小さいながらも稲作も行われていた。東京港と田んぼというギャップがなんだか楽しい

ひととおり園内を歩いた後に外へ。まずまずの成果は得られたが、少しもの足りなくて隣の大井競馬場前駅まで歩くことにする。運河沿いに延びるそのエリアも公園になっているので、もしかしたらなにか新しい鳥を見つけることができるかもと、ささやかな期待を寄せながら。

DATA

⦿モデルプラン：東京モノレール流通センター駅→東京港野鳥公園→東京モノレール大井競馬場前駅
⦿歩行距離：約6.5km
⦿歩行時間：約2時間
⦿アクセス：起点の流通センター駅へは浜松町駅から東京モノレールで約10分。終点の大井競馬場前駅から浜松町駅までは約8分
⦿立ち寄りスポット情報：東京港野鳥公園＝大田区東海3-1。✆03-3799-5031。9:00～17:00(11～1月は～16:30)。月曜(祝日の場合翌日)、年末年始休。一般300円

真鶴の魚つき林

海と森林の密接な関係。先人が築いたそんな風景を歩く

まなづるのうおつきりん

神奈川県

海と森林の関係が語られるようになって久しい。簡単にいってしまえば、海と森林はそれぞれ単独で生態系をつくっているわけではなく、豊かな森林があってこそ、豊饒の海も維持されるというものだ。森から流れ出てくる窒素やリンが海藻やプランクトンを育て、それが魚介類のエサになる。また、海岸線まで張りだした樹林帯は海に陰をつくり、それが魚たちの居着き場になる。

こういったことが近年、少しずつ科学的に解明されてきたのだが、実は昔から漁師たちは経験的にそのことを知っていた。そして、自分たちの漁場に近い森林を「魚つき林」と呼んで、保護、手入れを続けてきていた。

そんな魚つき林のひとつが神奈川県の真鶴半島にある。都心からもほど近く、交通も至

巨木が広がる真鶴の魚つき林。天気は快晴だというのに、周囲は昼なお薄暗く、上を見上げれば樹木の枝同士が複雑に入り組んで生長し、太陽の光を遮っていた

便なこの森を訪ねてみた。

東海道本線の真鶴駅を降りバスへ。距離的には駅から歩いてもいけるのだが、それは帰りにとっておく。次第に眼前に広がる相模湾の光景に見とれているうちに、「岬入口」というバス停に着くのでそこで下車する。森はすぐにそこから始まっていた。

車道のまわりには巨樹と呼ぶのに相応しい木々が何本も連なっており、そのため、周囲は晴天であってもなお薄暗い。空を見上げてみれば、樹齢350年を越えるといわれるクスノキやスダジイの枝が、アーチを組むように複雑に覆い被さっている。

真鶴の魚つき林の歴史は古く、江戸時代にはすでに小田原藩によって植林が行われていたのだそうだ。明治に入ると正式に「魚つき保安林」に指定され、その後、昭和27年まで皇室所有の御料山として管理されていたのだという。ちなみバス停を降りてすぐのところに小さなお社があったのだが、これは「山の神」と呼ばれ、地元漁民たちから篤い信仰を受けているそうだ。海の民が山の神を信仰する。まさに海と森林の深い関係性だ。

真鶴岬の先端を目指すには、そのまま車道を歩くもよし、森のなかを歩く遊歩道も整備されているのでそちらに入るのもよし。両方をうまくミックスさせると、

「岬入口」バス停で降りると、すぐそばに小さなお社が建てられていた。お社自体は新しいが、石段や石積みはかなり歴史のあるものだということがうかがえる

真鶴半島の先端まで歩くと、そこには三ツ石海岸というゴロタ石の浜があり、その先には三ツ石と呼ばれる岩が海上に突き出ていた。ここは神奈川県の景勝50選にも指定されている

それぞれの異なった雰囲気を楽しめるだろう。

やがて日光が差し込むようになると、ケープ真鶴と呼ばれる観光施設が現れるので、その脇を下れば三ツ石海岸に降り立つことができる。ゴロタ浜の海辺の先には三ツ石と呼ばれる大岩が顔をのぞかせており、干潮時には岩礁を伝ってそこまで行くことも可能だそうだ。浜辺では親子が磯遊びに興じており、なんとものどか。右手には伊豆半島や初島も遠望できる。

三ツ石海岸からは海沿いの岩場に沿って、番場浦海岸まで歩こう。遊歩道が整備されているので安心だ。番場裏海岸は入り江状になっていて、海水浴を楽しんでいる人もいる。

そこからは遊歩道を上って駐車場へ。来るときにも通ったケープ真鶴をかすめるように車道を登っていき、今度は「お林遊歩道」に入って、内陸側を抜けていくことにする。ちなみに「お林」というのは、この真鶴半島の魚つき林を地元の人たちが愛情を込めて呼んでいる名前だ。

お林遊歩道は落ち葉が降り積もったなかを歩いていく、まさに森の道と呼ぶのに相応しい。さっきまで青い海沿いを歩いていたのがウソのようだ。途中には野鳥観察小屋が建てられているので、野鳥好きはここで休憩をとるのもいいだろう。

あちこちからの遊歩道が交差する高台を越えて北側に下り、中川一政美術館の脇に出れば遊歩道もおしまい。そこからは車道沿いに歩いて岬入口バス停を経由、来るときにはバスで来た道を歩いて戻ろう。周囲は森の香りに包まれ、バスで通ったときとはひと味もふた味も異なる。

ときとして、対向車線が離れ、道路が二分されているような場所があるが、そんなところはたいてい真ん中に大きな樹木が立っており、おそらくはその木を伐採することなく車道を通すための策なのだろう。

真鶴半島から相模湾方面を望む。海の向こうには小田原の街並み、その裏手に延びるのは曽我丘陵。そしてその背後には丹沢の大山の姿が見える

森を下りきって車道が海沿いを通るようになると、地元の海の幸を出す食堂がポツポツと現れる。刺身、キンメの煮つけ、サザエの壺焼き……。この日歩いてきた森が育てた地元産の食材を満喫してから、駅まで戻ることにしたい。あえて帰路を徒歩にした理由もここにあった。

DATA

⦿モデルプラン：JR東海道本線真鶴駅→岬入口バス停→三ツ石海岸→お林遊歩道→真鶴港→真鶴駅
⦿歩行距離：約5.5km
⦿歩行時間：約2時間
⦿アクセス：起終点の真鶴駅へは東京駅から東海道本線で約1時間45分。真鶴駅から岬入口まではケープ真鶴行きの伊豆箱根バスで約8分。日中は1時間に1本程度
⦿立ち寄りスポット情報：ケープ真鶴は、軽食コーナーや土産物売り場などもある。ケープ真鶴＝足柄下郡真鶴町真鶴1175-1。☎0465-68-1112。9:00〜16:00。無休（臨時休館日あり）

日向山（ひなたやま）

果樹園を抜けて茶屋でジビエを。そして日当たりのよい山頂へ

埼玉県

山のなかにひっそりと建っている飲食店、というのがある。たいていは最寄りの駅からそこそこ距離があって、マイカーで行くのが基本みたいな場所だ。けれども、その距離感も歩く楽しみだと考えると、そこは急に徒歩旅行の範疇に入ってくる。そんなことを考えながら目指したのは、奥武蔵にある日向山と、その肩にある茶屋だった。

起点となるのは西武秩父線の芦ヶ久保駅。正丸峠（しょうまる）をトンネルで抜けて、日当たりのよい南斜面が広がると到着だ。駅を降りたら「あしがくぼ果樹公園村」の指導標にしたがって歩く。道沿いには多くの果樹園が営まれている。九十九折りで少しずつ標高を上げる道は、あらかた車道。つまりクルマを利用しても頂上直下までは行けるのだが、そんななかにも部分的に果樹園のなかを抜けるように登山道が設けられているので、そういった小径は積

木枠の大きなガラス窓が入れられ、室内からも奥武蔵の山々を眺めることができる木の子茶屋の店内（写真上）。こんな風景を楽しみながらジビエの焼き肉を満喫できる（写真下）

極的に利用する。道沿いにキウイの木でアーケードが作られていたりして、農家の人のそんな心遣いがうれしい。もちろん、季節によってはブドウやプラム、イチゴなどの果物狩りも楽しめるので、プランに加えるのもいいだろう。

小一時間歩いたところで、登山道から再び車道に出ると右手に建物が一軒見える。ここが木の子茶屋。頂上へ向かう前にここで食事をしていくことにする。木造の小屋の南側には大きな木枠のガラス戸がはめられていて、店のなかからも武甲山をはじめ奥武蔵の山々を展望できる。

この茶屋の売りはなんといっても、シカやイノシシといったジビエの焼き肉。

テーブルにくり抜かれた穴に七輪を収め、その上で自分たちで焼くスタイルなので、グループだったらまずはお勧めだ。ひとり焼き肉に抵抗ある人は、「鹿飯」という炊き込みご飯風のものもあるので、こちらもいい。

お腹を満たしたらいよいよ頂上へ。とはいっても木の子茶屋からなら、時間にしてわずか10分ほど。標高627mの山頂は展望も良好で日差しがまぶしい。この山を日向山と名づけた人の気持ちがよくわかる。眼下には緩斜面に広がる果樹園がよく見える。

もうここまでで身も心も満腹という人は来た道をそのまま戻ってもよいが、今回はここからさらに横瀬駅方面を目指す。登ってきた道とは反対側の尾根道を下っていくと、やがて南への急な階段状の下りが現れる。このコースで一番急な下りといえるので、ここは慎重に下っていこう。山では登りより下りのほうが転倒などの事故が多いのだ。

琴平神社が現れたら、そこからは車道を歩く。しばらくすると左手に再び登山道が分岐しているのでそちらへ。途中、いきなり獣の声が響いてびっくりする。声が聞こえたほうへ目を向けると、そこには大小数頭のイノシシが。これはちょっと危険な状態なのではと思ったが、よく見るとイノシシたちの周囲には柵があったので、どうやら飼育されているものらしい。先ほど木の子茶屋で食べたイノシシも、もしかしたこんなところからも出荷

日向山の山頂から南側斜面を望む。足元まで広がっている果樹畑と、奥武蔵の山々が美しい。山頂付近は刈り払われ、天気がよければ寒い季節でもポカポカの日差しが降り注ぐ

されているのかと想像してしまう。

やがて道が舗装路に変わると集落も近い。途中には卜雲寺（ぼくうん）など、秩父三十四ヶ所札所に数えられるお寺もある。交通量のある国道に出たら、国道沿いを西に向かえばやがて横瀬駅への分岐が現れる。

DATA

⊙モデルプラン：西武秩父線芦ヶ久保駅→木の子茶屋→日向山→琴平神社→卜雲寺→西武秩父線横瀬駅
⊙歩行距離：約8km
⊙歩行時間：約3時間
⊙アクセス：起点の芦ヶ久保駅へは池袋駅から西武池袋線、西武秩父線を乗り継いで約1時間35分。終点の横瀬駅から池袋駅までは約1時間45分
⊙立ち寄りスポット情報：木の子茶屋＝秩父郡横瀬町芦ヶ久保405。☎0494-24-5099。10:00～17:00。木曜、年末年始休

市ヶ谷の釣り堀から新宿御苑

いちがやのつりぼりから しんじゅくぎょえん

東京都

平日昼間の釣り堀は背徳の味!? 釣って眺めて歩く旅

午前中の通勤電車から街を眺める。そのなかにひときわうらやましく感じる風景があった。静かな水面に竿を出して、のんびりと浮子を見つめる太公望たち。そう、東京のど真ん中に今も続く釣り堀『市ヶ谷フィッシュセンター』だ。今日は会社をサボってここで釣りだ！　そんなことを何度も思いつつも小心者にはできるはずもなく、いつまでも憧れのままだった。フリーになった今ならいつでも行けるのに、そうなるとなかなか足が延びないのは、やはり若干の後ろめたさがスパイスになるからだろうか。そこで今回は「自分は会社員！」と思い込んで、あの当時の夢をかなえるという、若干歪んでいて、ちょっと背徳感を感じる徒歩旅行に出かけることにした。

目指すは、もちろん市ヶ谷フィッシュセンターだ。あえて通勤時間帯の電車に乗り、「今

東京在住者なら一度は目にしたことがあるであろう、市ヶ谷駅前の釣り堀「市ヶ谷フィッシュセンター」。気楽に楽しめ、しかもその奥はなかなか深い（に違いない）

日も仕事かあ」と独りごちてみたりして、気分を盛り上げる。そして市ヶ谷駅で満を持して下車。バカだ。

釣り堀では、受付であらかじめ仕掛けがセットされた竿と練りエサを受け取り、ビールケースを流用したような椅子に腰かける。エサを丸めてハリに刺し、そっと池に投入。背後を混み合った中央線が走り抜けていく。そうそう、これだよやりたかったのは。皆さん、うらやましいでしょうと悦に入る間もなく、浮子がピクピクと反応。おおっとばかりに竿を上げたものの残念ながら空振りだ。まあ、いきなり釣れたらできすぎだなと気を取り直して、再びエサを落とせば、すぐにアタリがくるものの空振りの連続。このころから、「あれっ、ちょっとそんなに甘くないかも」という気持ちがよぎる。早めに合わせてみたり、逆にじっくり待ってから合わせてみたりと、いろいろと試行錯誤を繰り返すうちに、ようやく一尾目がかかる。30㎝ほどの鯉だ。竿の長さが2mにも満たないこともあって寄せるのにちょっとまごつくが、なんとか玉網に収めることができた。

さあ、これからバンバン釣るぜと気ははやるものの、やはりアワセに苦労して、結局、二尾目を釣り上げたところでタイムアップ。始めてみれば、すっかり釣りに夢中になってしまい、当初イメージしていた背徳感はどこかへ消え去ってしまっていた。

ちなみにこの釣り堀。外堀に面しているのでてっきりその水を流用しているのかと思ったら、実は湧水を用いているとのこと。そのため年間を通して水温が一定で、魚たちの活性も変わらないのだそうだ。

さて、ここから新宿方面に向かって歩き出せば、曙橋に『釣り文化資料館』という施設があるので、釣り気分のままそこへ立ち寄る。ここは『週刊つりニュース』という専門紙の社屋1階に併設されたもので、和竿や魚籠といった日本の伝統的釣り具を見ることができる。展示物を眺めていると、江戸の時代からずいぶんと細分化された釣り道具が作られていたことがわかる。仕舞い寸法が30㎝にも満たない超小継ぎのタナゴ竿などは、もはや工芸品の世界だ。入場料が無料というのもうれしい。

ここまで歩いてくれば、あとひと頑張りで新宿御苑。最後は御苑の豊かな緑のなかの散歩で締めるとしよう。

アワセのタイミングに手こずり、何度もエサを持っていかれた末に、ようやく釣れた30cmオーバーの鯉（写真上）。「釣り文化資料館」は、近年すっかり目にする機会が減ってしまった竹製の和竿を多数収蔵している（写真下）

DATA

⦿**モデルプラン**：JR中央線市ヶ谷駅→市ヶ谷フィッシュセンター→釣り文化資料館→新宿御苑→新宿駅
⦿**歩行距離**：約5km
⦿**歩行時間**：約2時間
⦿**アクセス**：起点の市ヶ谷駅へは新宿駅からJR総武線で約9分。都営新宿線や東京メトロ有楽町線なども利用可能
⦿**立ち寄りスポット情報**：市ヶ谷フィッシュセンター＝新宿区市谷田町1-1。℡03-3260-1324。9:30～19:30(土日祝日は9:00～、季節によって30分から1時間の変動あり)。荒天時、年始休。鯉釣りは一般1時間券780円。釣り文化資料館＝新宿区愛住町18-7。℡03-3351-8248。10:00～17:00。土日祝、年末年始休。無料。新宿御苑＝新宿区内藤町11。℡03-3341-1461。9:00～16:00。月曜(祝日の場合翌日)、年末年始休。一般200円

黒川の分校跡と小さな尾根道

くろかわのぶんこうあとと
ちいさなおねみち

神奈川県

100年以上の歴史を持った分校跡と、その背後にひかえる尾根道を歩く

神奈川県川崎市と東京都町田市を分ける県境に、ひっそりと延びる小さな尾根がある。多摩センターをはじめ開発が著しい多摩丘陵にあって、今も里山の面影を残すこの尾根を歩いてみよう。

起点となるのは小田急線の黒川駅。駅の少し先を通る県道を渡り、東へ歩くとすぐ先の斜面に「黒川青少年野外活動センター」という指導標が掲げられている。ここを入っていくのが今回のルートなのだが、そこでちょっと気になることがあった。斜面の下にバス停があるのだが、その停留所の名前が「黒川分校下」というのである。分校とは、またなかなか懐かしい響きを持った言葉である。分校下というからには、この上には分校があるのだろうか。

「黒川分校下」というバス停の名前にひかれるものがあり訪ねてみた施設は、やはり過去には分校だった（写真上）。元校庭にはジャングルジムをはじめ、当時の遊具が今も残っている（写真下）

あらためて先ほどの道を登っていくと、すぐに黒川青少年野外活動センターという建物が現れた。もしやと思ってこのセンターの人にお話をうかがうと、やはりここは、以前は分校だったのだそうだ。正しくは柿生小学校黒川分校といい、昭和58年にその幕を閉じるまで、109年もの長い歴史を持つ分校だったとのこと。もちろん川崎市に残っていた最後の分校だった。

現在も当時の様子はよく残されていて、校庭跡には鉄棒やジャングルジム、雲梯など、当時の子どもたちが遊んだであろう遊具がそのまま残されていた。きっとこの周囲も、もっと豊富な雑木林や丘陵

神奈川県川崎市と東京都町田市の間に、ひっそりと残された小さな尾根道。尾根とはいえそれほどのアップダウンはない、のんびりとした散歩道。木々の間からの木漏れ日が美しい

に囲まれていたのだろう。図らずも、スタートからいきなり里山の記憶をのぞかせてもらうこととなった。

尾根道を歩くには、この野外活動センターの裏手から延びる小径に入る。しばらく歩くと道は二手に分かれ、センターのおじさんが「右へ行くと、芝生が広がるきれいな公園ですよ」と教えてくれた町田市の真光寺公園へと続くが、今回は尾根道歩きに終始したかったので左へ。

周囲はあっというまにさまざまな樹木に囲まれる。尾根は高いところでも標高100mちょっとだろうか。そして、幅も100mほどしかないのではなかろうか。左手の川崎市には、枝越しに工場や

学校、右手の町田市側には住宅が広がっているのがわかる。周囲の開発が進むなか、よくもまあこんな空間がひっそりと残っていたものである。

おそらくは県境であるこの尾根を境にして、東京都と神奈川県はそれぞれ独自の立場で開発を続けたのだろう。そしてどちらもこの尾根自体には手をつけることなく今に至るのだろう。実際、ひとつの尾根を歩いているのに、町田市側では「真光寺緑地」、川崎市側では「栗木緑地」と別々の名前で呼んでいるのが興味深い。尾根筋にはときどき県境を示すと思われる標柱が埋め込まれているので、お互いに「そこまではうちの公園」といったスタンスなのだろう。

途中、町田市側の視界が開けた。足元には広大な住宅街が広がっており、その向こうには丹沢山塊が、そしてさらにその向こうには、富士山が頭だけのぞかせている。

そんな光景を眺めながら歩いていたら、スリップして危うくコケかけた。この尾根道の足元はどこも完全な赤土なので、斜面では滑りやすい。とくに雨後などは気をつけたほうがいいだろう。

尾根は次第に標高を下げ、ついには尾根上まで住宅街がせり上がってきたところで、小さな尾根歩きの旅はおしまいだ。そこからは、町田側から尾根を越えてきた細い舗装路を

町田市側の展望が開ける場所があった。眼下に目をやれば、尾根のギリギリまで住宅街は迫ってきているのがわかる。このままここが緑地として残され続けることを願う

ゴールの栗平駅に向かって下っていこう。この道すがらにも、周囲には果樹畑をはじめとするさまざまな畑が広がっており、昔のこのあたりはどこもこんな感じだったんだろうなと、遠い日の多摩丘陵の面影を彷彿とさせてくれる。

DATA

⦿モデルプラン：小田急多摩線黒川駅→黒川青少年野外活動センター→栗木緑地(真光寺緑地)→小田急多摩線栗平駅
⦿歩行距離：約4km
⦿歩行時間：約1時間半
⦿アクセス：起点の黒川駅へは新宿駅小田急小田原線、多摩線を乗り継いで約40分。終点の栗平駅から新宿駅へは約35分
⦿立ち寄りスポット情報：黒川分校跡は、現在は黒川青少年野外活動センターという川崎市の施設になっている

第5章

不思議を探る徒歩旅行

河童の腕や天狗の爪、謎の遺物や墳墓……。
日常のなかにひっそりと佇む非日常への入口を、
徒歩旅行で見つけよう。

かっぱ橋商店街が、2003年に誕生90年を迎えたのを記念して建立された「かっぱ河太郎」の像。右手に釣り竿、左手に釣果？の鯉を抱えた黄金の像は、商売繁盛の御利益もあるとか

吉見百穴とご当地「焼き鳥」

よしみひゃくあなと
ごとうち「やきとり」

埼玉県

一時はコロボックルの住居跡説も出た、岩山に穿たれた無数の墳墓遺跡

岩山に穿たれた無数の穴。かつては、日本の先住民族といわれるコロボックルの住居跡説まで出されたのがこの吉見百穴だ。6世紀ころにつくられた集合墳墓というのが最近の定説になっているが、まだまだ謎も多い。実は都心からもほど近く、池袋からなら1時間ほどで行けてしまう。国内でも希なこの遺跡を徒歩旅行で訪ねてみた。

起点となるのは東武東上線の東松山駅。駅前から東へ延びる車道をずんずんと歩いていくと、やがて丁字路にぶつかるのでそれを右へ。橋を渡るといきなり眼前の岩肌に異形の構造物が見えてくる。一瞬、「これが吉見百穴か!」と色めき立つが、そうではない。崖にいくつもの穴が掘られたこの構造物は、吉見百穴にインスパイア?された地元の人がこつこつと掘り続けていたもの。一時は『岩窟ホテル』という名前までつけられていたよう

岩と岩にはさまれるようにして建てられた岩室観音。現在のものは江戸時代に再建されたものらしい。さらにこの奥へと進むと、戦国時代の城跡である松山城址が残っている

だが、残念ながら途中で挫折。現在では周囲にフェンスが張り巡らされ、近づくこともできない。もし完成していたらヨルダンにある世界遺産・ペトラ遺跡のようなものになっていたかも。

その隣には、これまた岩山の斜面になかば強引に建てたようにも見える岩室観音堂というお堂が並ぶ。現在のものは江戸時代に再建されたものだそうで、奥にはやはり岩を穿ったところに観音像が祀られている。ここも吉見百穴の存在に影響されたのだろうか。

さまざまな時代、さまざまな人を感化させた吉見百穴。いやおうにも期待は高まる。岩室観音堂から数分、いよいよご

岩山に数多くの穴が穿たれた吉見百穴。その異様な外観から、かつてはテレビ番組の実写ヒーローものなどで、悪役のアジトのロケ地として登場することも珍しくなかった

本尊たる吉見百穴の登場だ。入口で入場料を払い敷地内へ入ると、いきなり目の前にその異様な姿が現れた。高さ数十メートルほどの岩山にびっしりと穴が掘られている。大きさこそ異なるが、まるで崖に掘られた鳥の巣穴のようだ。穴の直径は1mほどだろうか。たしかに人が生活するには小さすぎるので、コロボックルの住居跡説もわからないでもない。明治時代に行われた大規模な発掘調査では、人骨やさまざまな装飾品も見つかったが、その後四散してしまい現在ではあまり残っていないのだそうだ。岩山には階段が設けられ、斜面に掘られた穴をのぞきながら頂上まで登ることができる。なかに

は実際に入れる穴もある。

　岩質は比較的掘りやすい凝灰質砂岩というものだそうだが、それにしても人力に頼る以外に手段のなかった当時、これだけの穴を掘削するのはどれだけ重労働だったことだろう。吉見「百穴」と呼ばれてはいるが、実際に発掘された穴の数は二百以上というから相当なものである。ちなみにこの「百穴」、地元の人の呼びかたは「ひゃっけつ」ではなく「ひゃくあな」。話をするときには「ひゃくあな」と呼べば、地元の人のおぼえもよい。かもしれない。

　小さな穴が並ぶ吉見百穴を歩いていると、そのなかに突然、巨大な穴が現れる。

小さな穴にまぎれてところどころに貫通している巨大な穴。こちらは墳墓跡ではなくて、太平洋戦争中に日本軍が軍需基地を地下化しようと計画して掘ったものの なれの果てとのこと

その大きさは自動車すら通れそうな規模だ。こんな穴まで掘っていたのかと思ったが、実はこれは大平洋戦争の遺物とのこと。戦争末期、日に日に空襲が激しくなるなか、軍需工場を地下に移設するためにここを大規模に掘ったらしい。そんな時代になっても人は吉見百穴にインスパイアされていたのか。

結局、工事の途中で終戦を迎え、実際に用いられることはなかったが、それでもその規模はかなりのもの。現在見学できるのは全体の一割ほどで、その先は柵で隔てられている。立入禁止の理由を尋ねたところ、あまりにも広大すぎて閉館時間になっても帰ってこない人が続出したからとのこと。どれだけ広いんだ。一歩間違えば遭難騒ぎだ。

そんなことを考えながら、帰路は行きとはルートを変え、東松山の街をぐるりと周回するように駅へ向かう。帰り際にはもちろん、東松山の名物である「焼き鳥」をいただく。この街の焼き鳥は、「鳥」といいつつも実際には豚肉を使っているのが特徴で、しかも夕レや塩ではなく辛味噌をつけて食べるのが流儀。立ち寄った「大松屋」さんでは、一番売りはカシラとのことで、黙っていると一本ずつカシラを焼いて出してくれるシステムだ。ほかにもレバーやハツ、タン、シロが揃っているので、そちらを食べたいときにはあえて注文する。焼きたての柔らかい「焼き鳥」をかじりながら、吉見百穴を思い返す。古代の

東松山には、独自スタイルの焼き鳥を提供する店が50軒以上あるらしいが、そのなかでも今回は「大松屋」さんに入ってみた。焼きたてのカシラに辛味噌がよく合う

古墳遺跡に現代の戦争遺跡が重複するというのは、なかなかのレア物件だなと感心するいっぽう、米軍がB-29で空襲してくる時代に古墳時代と同じことをやっていたのかと考えると、そりゃあその戦争、勝てなかったはずだわとヘンに納得してしまうのだった。

DATA

⦿モデルプラン：東武東上線東松山駅→岩室観音→吉見百穴→大松屋→東松山駅
⦿歩行距離：約6km
⦿歩行時間：約2時間
⦿アクセス：起終点の東松山駅へは、東武東上線快速で池袋駅より約52分
⦿立ち寄りスポット情報：吉見百穴＝比企郡吉見町大字北吉見324。☎0493-54-4541。8:30～17:00。無休。一般300円。大松屋＝東松山市材木町23-14。☎0493-22-2407。16:15～20:00。日曜休

トーベ・ヤンソンあけぼの子どもの森公園

とーべ・やんそんあけぼのこどもののもりこうえん

埼玉県

ムーミン谷を思わせる公園と、それを取り巻く不思議な世界

東京都と埼玉県の県境、入間市の西に加治丘陵と呼ばれる丘がある。標高は高いところでも200mに至らず、尾根沿いにしっかりとした遊歩道が整備されている。実はこの丘陵伝いに歩いた先にあのムーミン谷が、そしてそのムーミン谷の脇を固めるかのように不思議な空間が広がっていた。

起点となるのは西武池袋線の「仏子(ぶし)」というちょっと奇妙な名前の駅だ。駅の南口に出ると、住宅街の向こうにこんもりと樹木が茂った加治丘陵が見えるので、そこを目指す。途中、川を挟んだ向こう側の斜面にいきなり洋風のお城のような建物がにょっきりと建っていて驚く。「え、こんなところにもうムーミン谷が現れたの?」と思ったのだが、近くで家の前を掃除していたお母さんに尋ねるとそうではなかった。お姫さまが幽閉されて

駅から歩き出してほど近いところで、いきなり現れた謎の宮殿風建物。その正体は公共の施設、だったのだがすでに営業を終え、近々には解体も始まるとのことだった

いそうな建物は、なんと国民宿舎なのだそうだ。もっとも2002年には営業を停止していた、いわゆる廃墟物件だ。2018年中には解体が決まっているという。当初は「よくもまあ公的資金でこんなものを」と思ったが、解体されると聞くとそれはそれでちょっともったいないなと感じてしまうのだから、人間の感情なんていい加減なものである。

麓から尾根道に入ったところで、再び驚きが待っていた。森のなかに巨大な白い彫像が現れたのだ。大きさはゆうに3m。それも一体や二体ではない。都合十体ほどはあるのではないか。おそらくは芸術家による作品なのだろうが、ひと気のない森でいきなり出くわすとちょっと怖い。数年前に流行ったコミック『GANTZ』に登場した星人のようである。

尾根道自体は舗装されていて、近隣住民のよき散歩道になっているようだが、こうなってくると、もはやこの先にムーミン谷が実在していてもちっとも不思議じゃなくなってくる。道端の小さな石祠などは、山ではよく見かけるものだが、これにもなにか謎が隠されているのではないかと、まじまじと観察してしまう。

道は緩やかな起伏を繰り返し、やがて「山仕事の広場」と呼ばれる森を切り拓いた広場が現れた。芝生が敷かれていてベンチやトイレもあるので、休憩するに

加治丘陵の麓、森のなかにいきなり現れた白い巨人像群。それぞれの大きさは、3mはあるだろうか。謎のお城に続いての登場に、いきなり異界に引きずりこまれそうな気持ちになる

桜山展望台からは、この地方の特産である狭山茶の茶畑が広がって見えた（写真上）。加治丘陵の尾根道は細かなアップダウン、蛇行する道筋と、メリハリが効いている（写真下）

はぴったりだ。裏手の斜面を少し登れば桜山展望台からの展望も満喫できる。

しかし今回の目的地はムーミン谷である。そしてムーミン谷への道はこのあたりから下っていくはずなのだが……。行ってみるとそこにはなんと通行止めの表示が。聞けば数年前の豪雨で崩落してしまったらしい。やむなく尾根道をさらに進み、反対側の車道を経て回り込む。しかし惜しいなあ。こんな丘を歩いて、そこから斜面を下ったらいきなりムーミン谷が現れるなんて、最高のプロムナードなのに。あとから確認してみると、復旧する予定はあるらしいので、期待してそのときを待つことにしよう。

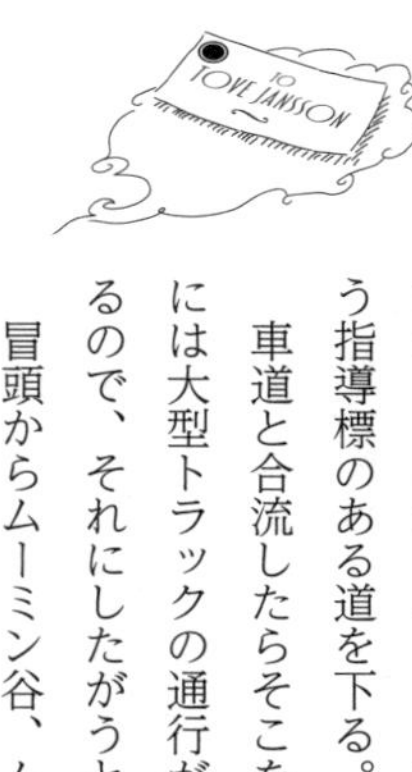

「山仕事の広場」あたりからは散策路がいくつも整備されていて、逆にどの道を選ぶか悩むが、とにかくムーミン谷に近い方向へということで、少し戻って「←駿河台大学」という指導標のある道を下る。

車道と合流したらそこを右へ。この道は秩父と青梅を結ぶ峠道なのだろう。規模のわりには大型トラックの通行が多いが、歩道はしっかり分けられている。やがて指導標が現れるので、それにしたがうと、ようやく目の前にムーミン谷が現れた。

冒頭からムーミン谷、ムーミン谷と、事情を知らないひとになにがなにやらだったかもしれないが、正しい名前は『トーベ・ヤンソンあけぼの子どもの森公園』。1997年にオープンしたこの公園は、自然との共生をテーマのひとつにあげ、加治丘陵の麓の地形を極力活かしてデザインされている。そしてそこには『ムーミン』の著者であるトーベ・ヤンソンと実際に意見交換をしつつ作られたという、まさにムーミンの作中に出てきそうな建物がいくつも建てられている。「森の家」「きのこの家」など名づけられたそれらの家々は、実際に内部も見学できるようになっており、恥ずかしながら不肖おじさんも、少年時代に立ち帰ってちょっと感動してしまった。入園料が無料というのも素晴らしい。この日は平日にもかかわらず、親子連れやカップルが楽しそうに散策していた。ちなみにここと、

ようやく今回の目的地である「トーベ・ヤンソンあけぼの子どもの森公園」に到着。そこは変にメルヘンに走りすぎていない、おじさんでも違和感なく過ごせる気持ちのよい公園だった

2018年秋に飯能市に開業予定の『ムーミンランド』とは別のものなのでお間違えなきよう。

　このまま童心にかえって旅を終わらせればよいものの、じつはもうひとつ気になることがあった。出かける前にこの付近を2万5000分1地形図で眺めたところ、公園のすぐ隣りに採鉱地を意味する記号が描かれていたのだ。こんなところに鉱山？　気になるではないか。調べてみるとそこには日豊鉱業という会社があり、今も営業を続けているらしい。さすがに一般企業にいきなり「見学させてください」というわけにもいかないので、公園の高台からのぞいてみると……。あるある。坑道から採掘された鉱石の搬出に使っているであろう黄色いトロッコがズラリと並んでいる。しかし残念ながら敷設されたレールは確認できず。トロッコの脇にはレールと思われる鋼材が山積みになっていたので、もしかしたらもう剥がされてしまったのかもしれない。

　ちなみにここで採掘されているのは亜炭が主だそうだ。亜炭というのは通常の石炭よりも石炭化が進んでいない鉱物のことで、得られる熱量が少ないことから燃料には向かず、肥料の原料などに使われることが多いらしい。そういえば、以前にこのすぐ近くを流れる入間川で釣りをしていたときに、泥岩質の河床からな

公園に置かれているベンチなど、ちょっとしたものにムーミンというかトーベ・ヤンソンさんの気配を感じられる。天気のよい日にここで日がな一日、読書でもしてみたいもの

公園の隣りには現役の採鉱場があった。高台からのぞいてみると、
採掘用のものだろう、黄色いトロッコが何両も連なって並んでいた。
うーん、見学させてほしい

にか黒っぽい木片のような塊を掘り出したことがあった。もしかしたらあれも亜炭だったのかもしれない。

西洋風のお城、白い巨人像、ムーミン谷、そして鉱山……。さまざまな謎の匂いを感じつつ、ゴールの元加治駅へと足を向けた。

DATA

⦿モデルプラン：西武池袋線仏子駅→山仕事の広場→トーベ・ヤンソンあけぼの子どもの森公園→西武池袋線元加治駅
⦿歩行距離：約8km
⦿歩行時間：約3時間
⦿アクセス：起点の仏子駅へは池袋駅から西武池袋線急行で約42分。終点の元加治駅から池袋駅へは急行で約44分
⦿立ち寄りスポット情報：トーベ・ヤンソンあけぼの子どもの森公園＝飯能市大字阿須893-1。℡042-972-7711。9:00〜17:00。月曜（祝日の場合翌日）、年末年始休。無料

岩殿山と猿橋

いわどのさんとさるはし

山梨県

堅固な山城を攻め、日本三大奇橋のひとつを渡る

ＪＲ中央本線の大月駅前に鎮座する岩殿山は標高こそ６３４ｍ（東京スカイツリーと同じ！）とさほどでもないが、その急峻な岩壁からもわかるように、戦国時代には難攻不落の山城があったことでも知られている。一度は登ってみたいとは思うものの、大月まで来るとほかにも魅力的な山は多く、なかなか足を延ばせないでいた。そしてそんな存在がもうひとつ。大月のひとつ前である猿橋駅には日本三大奇橋のひとつに数えられる、その名も「猿橋」があり、これもなかなかそのためだけには行きにくく手つかずになっていた。そこで大月で岩殿山に登り、そのまま猿橋まで歩いて旅する計画を立ててみた。

久しぶりの大月駅には、びっくりするほど多くの外国人旅行者がいた。ここから富士急行に乗り換えて富士山に向かうのだろう。そんな彼らを横目に、富士山とは反対側に位置

昔ながらの店構えを残すお菓子屋さん（写真左）、無造作に張られた清涼飲料水の懐かしい看板……（写真右）。ぶらりと歩いてみれば、大月の街にはあちこちに昭和の気配が残っていた

する岩殿山の登山口を目指す。桂川を渡ってしばらく歩くと岩殿山登山口の看板が見え、樹林に続く階段道をひたすら登っていく。やがて鳥居が登山道をまたぎ、横には岩殿山のいわれが書かれている。この山にはもともと円通寺というお寺が9世紀に建てられ、厳しい山道は修験の場として使われたらしい。その後、関東へ通じる交通の要衝だったこともあって、戦国時代には武田氏、北条氏、今川氏と、誰もが知る群雄たちの争いの場となったそうだ。

　たしかに歩いてみると、この山を攻め落とすのはなかなか難儀だろうなと実感する。頂上までほとんど平坦な場所はなく、ひたすら登りが続く。登山道沿いには巨岩が覆い被さる地形を利用した「二の門」や、南西方向に開けた「物見台」など、当時の遺構が点在する。麓から眺めた印象よりはずっと汗をかかされて、ようやく頂上へ到着。登山口から約30分といったところ。頂上からは御坂山塊、そしてその背後に堂々と聳える富士山が見事。さきほど大月駅で出会った外国人旅行者たちも、今ごろどこかでこの富士の姿を眺めているのだろうか。

頂上からは、東へと延びる登山道を下って猿橋方面へ向かう計画だったのだが、いざ歩き始めると、そちら側の登山道には「崩落のため通行禁止」の注意書きが

麓から見上げる岩殿山は、あちこちに岩盤がむきだしになっていて、見るからに難攻不落の様相を呈していた。どこに登山ルートがあるのか、外見だけではちょっと想像がつかない

岩殿山山頂からの眺め。眼下には大月の街をはじめ、桂川やJR中央本線、中央自動車道が東西に延びる。陣を構えた戦国武将たちは、攻め入る敵をいかに蹴散らそうかここから思案したのか

掲げられ、規制ロープまで張られているではないか。

さて、どうしたものか。通行禁止とされているところを突破するわけにもいかないし、かといってこの道以外には猿橋方面へ向かう道はない。結局選んだのは、登ってきた道を一度下って、岩殿山の山麓を回り込んで猿橋を目指すというもの。コース取りとしてはあまり美しくはないが、やむを得ない。岩殿山が小ぶりな山でよかった。もっと大きな山でそんなことをしたら、一日かけても迂回できなかっただろう。

登山口まで下り、車道を歩くことしばし。本来ならここに降りてくるはずだっ

た、円通寺跡に到着。そこからは本来の予定コースを歩いて猿橋へ。周囲には畑が広がり、遠方にポコポコと並んだ山々を眺めながらの、のんびりした歩き旅だ。

葛野(かずの)川を渡り、猿橋までもうすぐだろうかというところで、道端に突然、「湯立人(ゆたんど)鉱泉」という古びた看板を発見。なぬ、こんなところに鉱泉が？ 看板の脇には川へと下る斜面に細々と踏み跡が続いている。これは行ってみぬわけにいくまいと、心許ないその道を下っていくと、そこには数軒の民家が連なるのみ。どこにも「鉱泉」の表示はない。おかしいなあ、もう廃業しちゃったのかなあとウロウロするも、やはりそれらしきものは見つからない。

あきらめてもどろうかというとき、たまたまやって来たのが郵便配達のバイク。これ幸いと乗っていたお兄ちゃんに尋ねてみると、「あの家がそうだと思いますよ」との返事。たしかにその家は、坂道を下ってきた真正面にあった家だが、外観はどう見ても普通の民家だ。でもここまで来たからにはと意を決して訪ねてみると、なかからひとりのおばあちゃんが現れた。

「あのう、ここは鉱泉、ですか？」と恐る恐るうかがうと、おばあちゃんは「そうなんだけど、やってるのは土日だけなのよ」と申しわけなさそうに答えてくれた。観光客向けというよ

日本三大奇橋のひとつに数えられる甲斐の猿橋。両側から幾層にも延ばされた「支え木」で橋を支えているさまは、たしかにたくさんの猿たちが身体を支えて橋を維持しているように見えなくもない

りは、近所の人が農作業の骨休めで浸かりに来るような場所なのかもしれないな。

それでもおばあちゃんは僕を気遣ってくれて、「ここまで来たんなら、猿橋を見物していくといいわ」と、僕がこれから目指す場所を勧めてくれた。おばあちゃんには再訪を誓っていざ猿橋へ。

やがて現れた猿橋は、さすがに日本三大奇橋と謳われるだけのことはある重厚な橋だ。ちなみに日本三大奇橋というのは、ここと山口県の錦帯橋は当確のようだが、残りのひとつについては諸説あって、徳島県のかずら橋、日光の神橋のほか、現在はなくなってしまった橋なども含まれたりするらしい。

この猿橋は刎橋と呼ばれる構造で、両岸から木材を突きだし、その上にさらに少しずつ木材をかけて距離を稼いでこれを足場にすることで、橋脚なしに橋を架けているのだそうだ。橋自体は7世紀には架けられたとされ、現在のような構造になったのは江戸期だそうだ。ちなみに現存のものは昭和に架け替えられたもの。

　今も人道橋としては現役で、当然僕も渡ってみたが、理屈ではわかっていてもやはり橋脚がないというのはちょっと不安であった。

　猿橋駅までまもなくというところにあった酒屋で、お土産を買いつつ岩殿山の登山道について聞いてみたところ、崩落

猿橋を目指す道すがら、道沿いに発見した「湯立人鉱泉」の看板。こんなところに鉱泉が！と、嬉々としながら川沿いへ下る細い道を下ってみたが……

こちらは猿橋のやや下流に位置する八ツ沢発電所一号水路橋。桂川上にかけられた橋の上を、どうどうと水が流れている。明治末期に着工されたこの施設は、現在重要文化財にも指定されている

は2017年8月の集中豪雨で発生したもので、一時は頂上へ至るすべての登山道が通れなくなっていたものが、最近ようやくメインルートのみが開通したのだそうだ。登れただけでも幸運だったというべきなのだろう。

DATA

⦿モデルプラン：JR中央本線大月駅→岩殿山→猿橋→JR中央本線猿橋駅
⦿歩行距離：約8km
⦿歩行時間：約3時間半
⦿アクセス：起点の大月駅へは、新宿駅から中央線、中央本線を乗り継いで約1時間半、終点の猿橋駅から新宿駅へも約1時間半
⦿立ち寄りスポット情報：湯立人鉱泉＝大月市七保町下和田647。℡0554-22-0622。12:00〜17:00。土日のみ営業（予約がベター）。1000円

法雲寺の不思議な宝物

ほううんじのふしぎなほうもつ

埼玉県

山中のお寺に眠る、「天狗の爪」、「龍の顎」、そして「楊貴妃の鏡」

札所巡りといえば四国八十八カ所が有名だが、関東にも札所巡りの霊場はあって、なかでも秩父三十四カ所札所巡りがよく知られている。総距離約100㎞と、四国にくらべたらかなりハードルは低いものの、それでも半日徒歩旅行で手を出せるレベルではない。そこで、そのなかでも一度訪ねてみたかったお寺をひとつ、そしてそこから隣りのお寺までのセクションを、雰囲気を知る程度の「なんちゃって」札所巡りとして歩いてみることにした。

スタート地点は秩父鉄道の白久(しろく)駅。終点の三峰口駅からひとつ手前の駅だ。改札を出て沢沿いの道を1㎞ほど登っていくと辿り着くのが、目的地である三十番札所・法雲寺。背後に熊倉山を擁するこのお寺は周囲を豊かな緑に囲まれ、石段を登って参拝する朱塗りの

深い山々と美しい庭園に囲まれた宝雲寺の観音堂。秩父三十四カ所札所の三十番札所でもある。このなかに謎に満ちた3つのお宝が奉納されている

観音堂は江戸初期の建立だそうだ。いかにも山中の静かなお寺というに相応しく、趣深い。

しかし、来たかった理由はこれではない。目的は、このお寺に収められている三つの宝物である。三つの宝物とはなにか。出し惜しみせずにズバリいってしまうと、それは「天狗の爪」「龍の顎」、そして「楊貴妃の鏡」。僕たちの世代は多かれ少なかれ、雑誌『ムー』の薫陶を受けているため、こういった不思議物件にはとても弱い。このお寺ではガラス越しとはいえ、そんなお宝を拝ませてくれるのだ。

まずは「天狗の爪」である。長さ４㎝

ほどの逆三角形の形をした外観は、もし天狗という生物が実在するのなら、まさにその爪というのに相応しい。ただしそのいっぽう、僕はこれとよく似たものを過去に自分で見つけたことがあった。雑誌の取材で地層から発掘したそれは、同行の先生から「サメの歯ですね」と同定されていた。

実際、ここにある天狗の爪の解説にも、現在では「サメの歯ということが判明している」と正直に書かれていたが、それで納得できるのは、こんな山中も昔は海底だったという地球の歴史を学んだ現代人ならでは。発見された当時の人間にとっては、天狗といわれたら腑に落ちたの

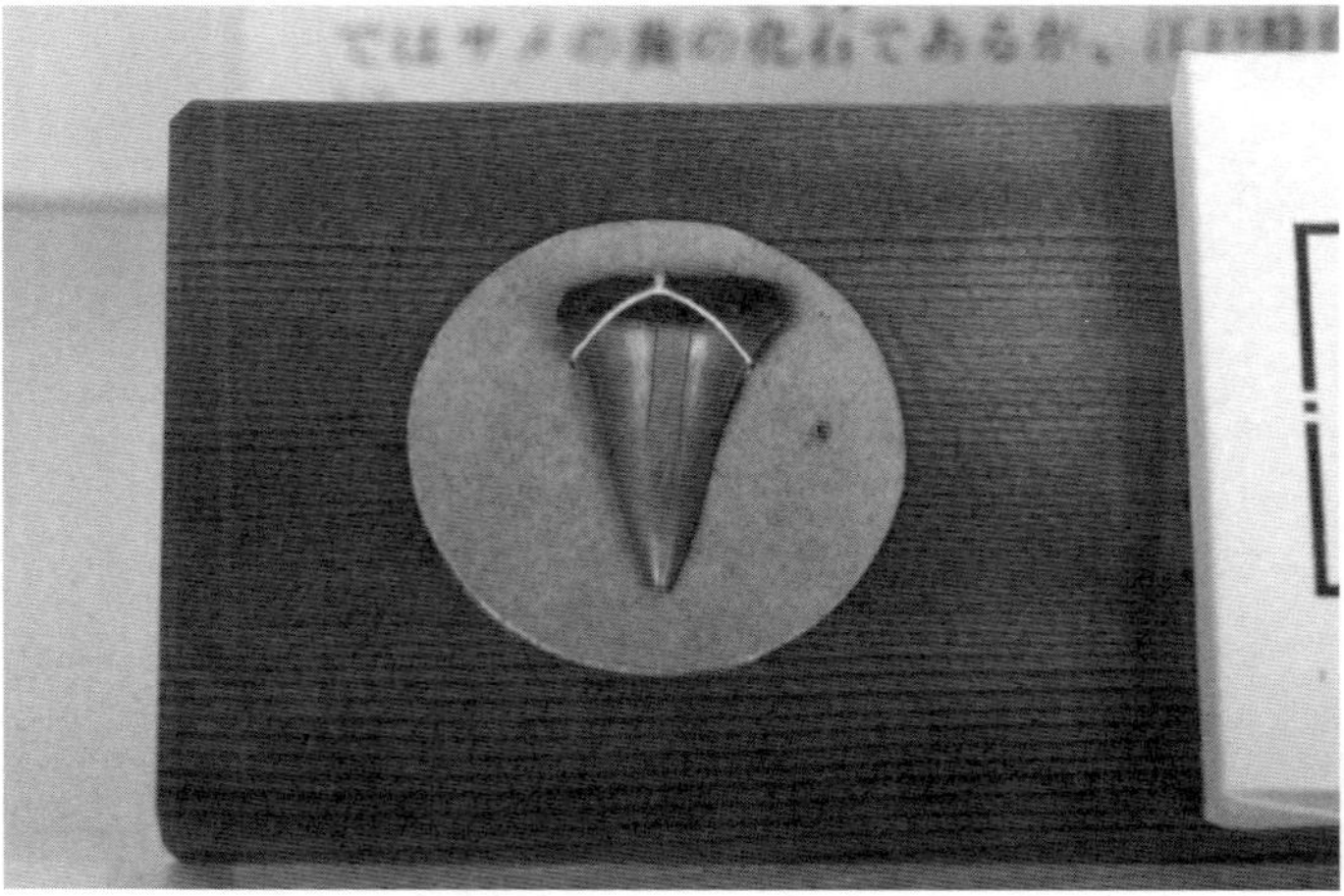

ひとつめの宝物は「天狗の爪」。鈍く輝く逆三角形状をしたそれは、天狗の爪といわれればさもありなんだが、今日ではサメの歯の化石であることがわかっている

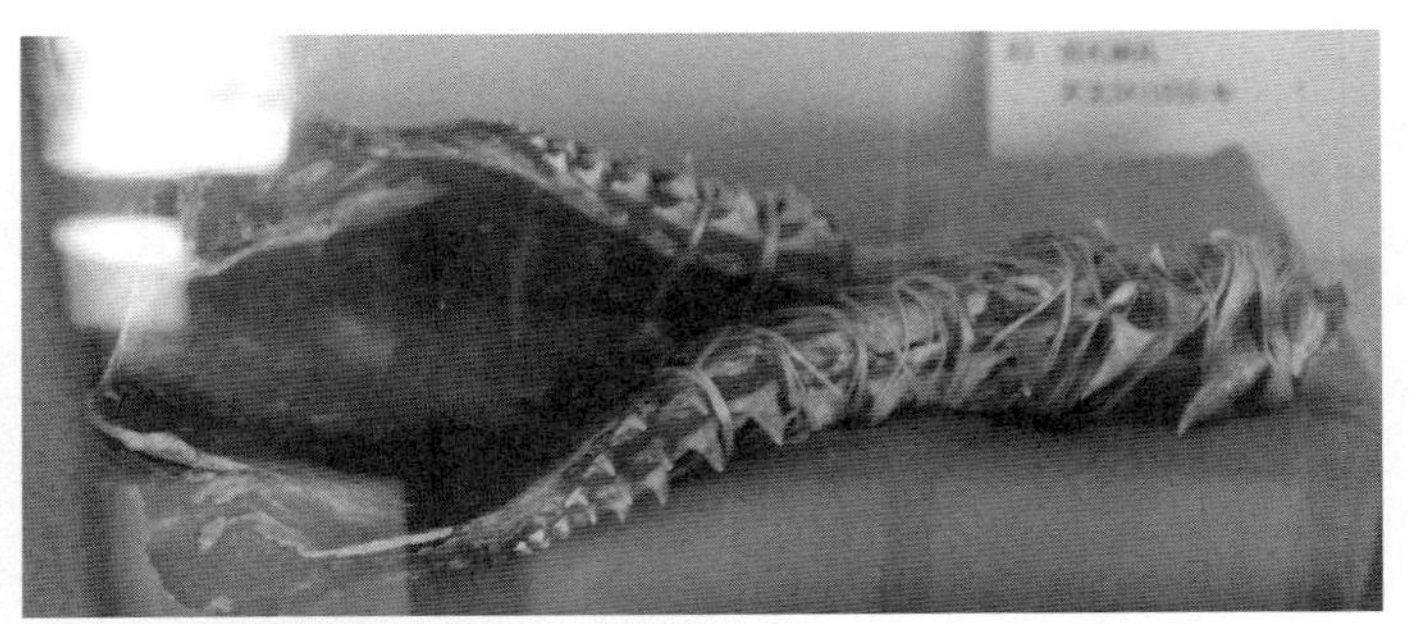

ふたつめの宝物「龍の顎」。何重にもズラリと並んだ歯のようなものが、顎らしき骨から生えている（写真上）。3つめの宝物は「楊貴妃の鏡」。直径10cmほどの銅鏡が、波か雲のような意匠をあしらった台に載せられている（写真左）

だろう。

ふたつめのお宝は「龍の顎」。龍に関しては、実はこの法雲寺には縁起がある。昔、この地には一匹（でいいのか？）の悪龍が棲み、人々を困らせていたのだが、巡礼者たちが唱える観音様の名を聞いて翻意、善龍となったという話が伝わっているのだ。

実際に目の前に安置されている龍の顎は、長さ20㎝ほど。無数の尖った歯がずらりと並ぶさまは、龍というよりはどちらかというとワニのような印象を与えるが、太古の海にワニがいたのか？　そもそも龍自体を今まで見たことがないので、これ以上判定のしようがない。

そして最後が「楊貴妃の鏡」。実はこれにも先ほどの龍が関わっているらしい。改心した善龍が老人に姿を変え、鎌倉建長寺の道隠禅師の夢枕に立って「この地に、中国より持ち帰った如意輪観音を安置しなさい」と語ったところから、如意輪観音、そして一緒にこの鏡が奉納されたのだという。そしてこれらがいずれも楊貴妃に由来するものだったそうなのだ。

真偽に関しては今となってははかりようもないが、いずれにしてもこういった話がこの地で語り続けられている以上、なんらかのきっかけはあったのだろう。

お宝を満喫、意気揚々と駅方面へ戻ったところ、途中でどこからともなく「ボーーーーッ！」という汽笛が聞こえてきた。ナヌッ、汽笛!? ということは蒸気機関車か！ 秩父鉄道が週末に一往復、蒸気機関車を走らせていることは知っていた。ただ、本数が少ないので今回の旅に組みこむのはとうてい無理と、見ることすら諦めていた。それがこのタイミングでやって来ようとは。白久駅は通過なので、駅長さんにお願いしてホームに入れてもらい、何度もシャッターを切る。いやあ、これはラッキーだった。いや、これこそ法雲寺の善龍様のご加護か。

さあ、あとはここから隣りのお寺まで歩いてみるだけだ。二十九番札所である長泉院を

宝雲寺からの帰り道、突然遠くから汽笛が聞こえてきた。もしやと思ってあわてて駅まで駆け戻ると、三峰口方面から秩父鉄道の「SLパレオエクスプレス」が立ち昇る煙とともにやってきた

目指す。距離にして約6㎞、1時間半ほどの行程だ。わずかひと区間だけとはいえ歩いてみた感想といえば、徒歩旅行全般にいえることだが、天候は重要だということ。この日の秩父地方の最高気温は37・3℃。そんななかの車道をひたすらトボトボと歩く。バカであった。

DATA

⦿モデルプラン：秩父鉄道白久駅→法雲寺→長泉院→秩父鉄道浦山口駅
⦿歩行距離：約9km
⦿歩行時間：約3時間
⦿アクセス：起点の白久駅へは、池袋駅から西武池袋線、西武秩父線を乗り継いで西武秩父駅へ約1時間40分。そこから秩父鉄道御花畑駅で秩父鉄道に乗り継いで白久駅へ約25分。終点の浦山口駅から御花畑駅へは約10分
⦿立ち寄りスポット情報：法雲寺＝秩父市荒川白久432。☏0494-54-0108。長泉院＝秩父市荒川上田野557。☏0494-54-1106

かっぱ橋道具街と河童の手

かっぱばしどうぐがいとかっぱのて

世界有数の調理道具街を歩き、かっぱ寺に眠る「河童の手」を拝む

東京都

家の台所で愛用している、雪平鍋の柄がずいぶんとガタついてきた。鍋部分から伝わる熱で、接続部分が次第に炭化してしまうのが原因だ。炭化部分を切り落として再接続という修理も何度かやったせいで、長さ自体も限界に達している。ここはそろそろ柄自体の交換時。そしてそんなマイナーな台所用品を手に入れるといえば、やはり浅草の「かっぱ橋道具街」だ。調理器具をはじめ、さまざまな調理関連の道具屋がひしめく、日本一いや世界でも有数の問屋街だ。もともとはプロの料理人たちが集う通りだったが、そのバラエティ豊かな商品展開から、最近では外国人旅行者の観光スポットとしても賑わっている。

起点となるのは地下鉄銀座線の田原町（たわらまち）駅。駅を出て西に向かうと、やがて交差点のビルの屋上に巨大なコックさんのハリボテが見えてくる。これがかっぱ橋道具街の入口だ。こ

かっぱ橋道具街のシンボルともいえる巨大なコックさん。正式名称は「ジャンボコック像」。こういうものも、外国人旅行者にとってはエキゾチックに写るのだろう

こから北へ約1㎞。言問通りへぶつかるまでの通りの左右には、ありとあらゆる調理関連の専門店が並んでいる。食器屋や鍋屋はもちろんのこと、箸、メニュー、冷蔵庫、白衣、包装用品、店舗用家具、提灯などなど、この通りだけで飲食店を開くのに必要なものはすべてそろってしまうだろう。なかには食券の券売機専門店などというのもあって驚かされる。とりわけ最近では食品サンプルの店が人気で、寿司や天ぷらのサンプルは日本土産にもぴったりなのだろう、多くの外国人旅行者が群がっている。

そんななか、懐かしさで思わず駆け寄ってしまう商品があった。それは直径50

cmほどの大鍋だ。これとまったく同じ物が、在籍していた高校の山岳部の備品にあって、長期合宿などでは1年生の誰かが大きなキスリングの外側にくくりつけて持って行かねばならなかったのだ。その姿はまるで亀で、実際にこれを背負ったまま転んだりすると、なかなか起き上がれないのも亀さながらだった。当然背負うのはジャンケンに負けた人間だったりしたのだが、自分が3年になったとき、これを背負うのがカッコイイといい出す1年生が現れたのには、時代が変わったことを痛感したものである。

もちろんいくら懐かしいからといって、さすがに今では使い道はないので購入は

懐かしくて思わず駆け寄った大きな鍋。実際に使っていたのは灯油の煤やコゲにまみれ、まっ黒に変色していたが。カレーや味噌汁などの汁物を、まとめて全員分つくったなあ

この日、かっぱ橋道具街で購入したもの。交換用の雪平鍋の柄を3本。竹のザル。そして餃子とホタルイカの食品サンプル。これは裏がマグネットになっていて、冷蔵庫にくっつけられる

断念。しかし、この街に行くときには、ただ漫然と歩くだけではなく、なにかほしいものを決めておくと、より楽しめるだろう。僕も目的だった雪平鍋の柄を三本、そして竹ザルもかなり傷んでいたので入手。実に堅実な買い物といいたいところだが、これとは別に食品サンプルの店で、餃子とホタルイカのマグネットも購入。こちらは完全に衝動買いだ。

そもそもこの街がなぜ「かっぱ橋」と呼ばれるようになったのか。川もないのになぜ橋？　と不可解に思うかもしれないが、実際にはこの通りの場所には、過去には新堀川という川が流れていたのだ。そしてこの周辺は水はけが悪く、度重な

る洪水に悩まされていたらしい。それを見かねた合羽屋喜八という商人が、私財を投げ打って治水工事を行ったところ、これに隅田川の河童たちが呼応して無事工事は完成したという言い伝えが残っている。つまり合羽屋喜八の「合羽」と、隅田川の「河童」がかかっているのだな。

　かっぱ橋道具街まで来たからには、ぜひ寄ってみたい場所がもうひとつ。通称「かっぱ寺」とも呼ばれるお寺・曹源（そうげん）寺だ。合羽橋交差点から上野方面に向かって5分ほどの距離にそのお寺はある。ここには前述の合羽屋喜八の墓があるほか、御堂には河童大明神が祀られていて、商売繁盛や火水難除などに御利益があるそう

平日でも多くの買い物客で賑わうかっぱ橋道具街。その過半数は海外からの旅行者だ。もともとはプロ御用達だったので週末休業が多かったが、最近は週末も営業する店が増えたという

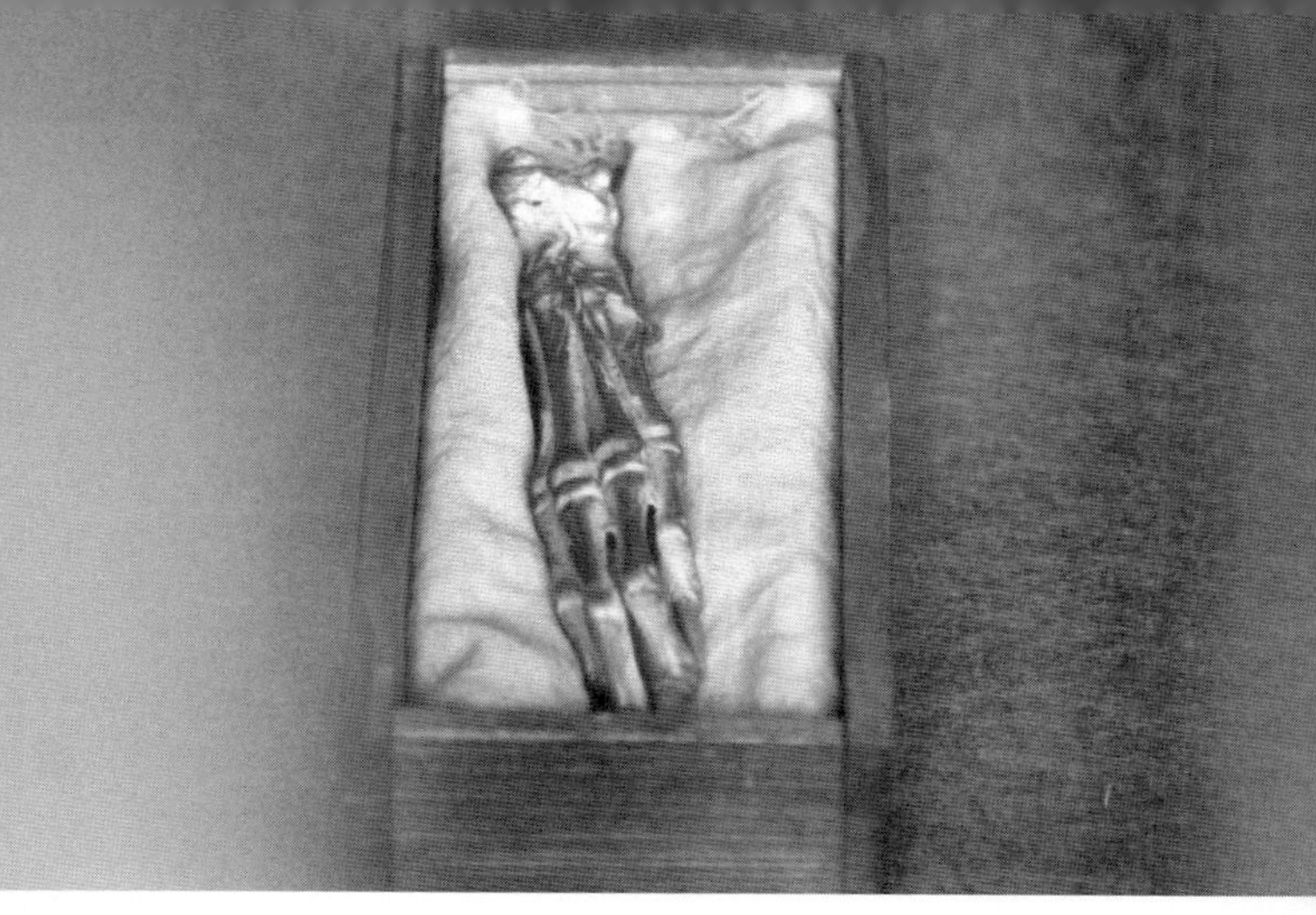

曹源寺の御堂に収められている河童の手のミイラ。長く伸びた爪や、指の関節など、妙にリアル感がある。曹源寺にはこれ以外にも多数の河童の像があり、それぞれにキュウリが供えられていた

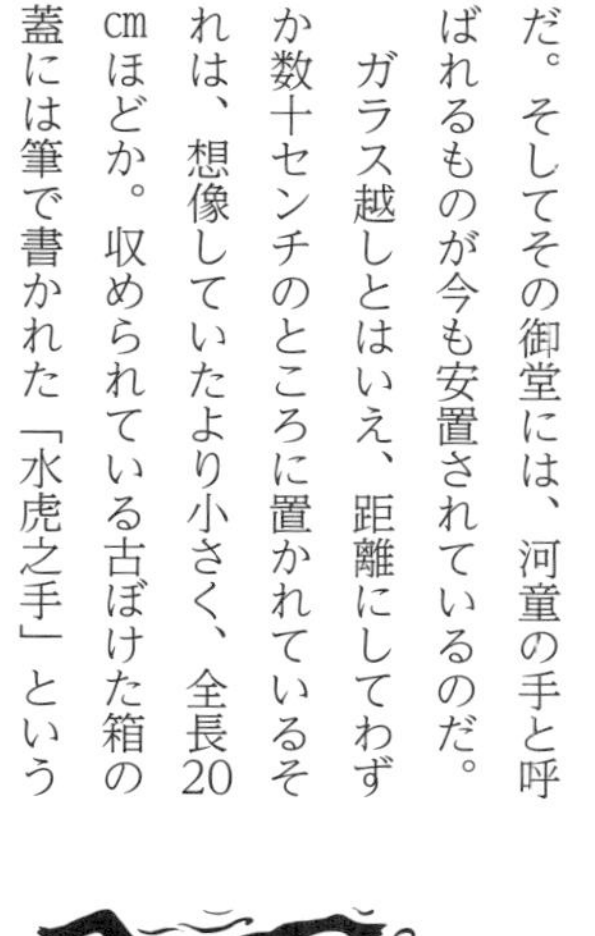

だ。そしてその御堂には、河童の手と呼ばれるものが今も安置されているのだ。

ガラス越しとはいえ、距離にしてわずか数十センチのところに置かれているそれは、想像していたより小さく、全長20cmほどか。収められている古ぼけた箱の蓋には筆で書かれた「水虎之手」という文字が見える。水虎というのは河童の一種、あるいは別名だそうだ。ミイラ化したその手は明らかに人間のものより指が長く、先端に長く延びた爪が生々しい。

これが本当に河童の手なのかは知るよしもないが、少なくとも長きにわたって保管、信仰を集めてきたということに意味があるのだろう。

その語源は「アメヤ横町」とも「アメリカ屋横丁」ともいわれるアメ横。それまでの闇市的な雰囲気に加え、最近は世界各国の食材を売る店や飲食店が増えるなど、国際化が進んでいる

かっぱ寺から西に向かえば、もうひとつの観光スポットである「アメ横」までは近い。一年中お祭りのような賑わいで、飲食店はもちろん、一杯飲み屋も昼間からやっている。道具街の美味しそうな食品サンプルを前にお腹が空いてしまった向きは、ここらで旅を締めるのもいい。

DATA

⦿モデルプラン：東京メトロ田原町駅→かっぱ橋道具街→曹源寺→アメ横→上野駅
⦿歩行距離：約3km
⦿歩行時間：約1時間
⦿アクセス：起点の田原町駅へは、上野駅から東京メトロ銀座線で約3分
⦿立ち寄りスポット情報：曹源寺＝台東区松が谷3-7-2。☏03-3841-2035

第6章

街を漂う徒歩旅行

運河に銭湯、宿場町。以前に行ったことのあるあの町も、徒歩旅行の目線で歩いてみれば、それまでには見えなかった新たな魅力が見えてくる。

浦安市郷土博物館には、昭和中期の浦安の街並みを再現した野外展示があり、家のなかにも入ることができる。横丁からは、今にも鼻を垂らした昭和の子どもが飛び出してきそう

東京スカイツリーと浅草

とうきょうすかいつりーとあさくさ

東京都

450m上空から東京を俯瞰、隅田川を渡って浅草寺参り

浅草寺の門前町として古くから栄えてきた浅草。戦災をはじめ幾度も困難に見舞われたものの、その度に復興。最近では変わらぬ姿が逆に注目を浴び、さらには川向こうに登場した東京スカイツリーとの相乗効果もあって、人気の観光スポットになっている。

しかし浅草はともかく、スカイツリーは東京在住でも登ったことがない人がけっこう多い気がする。若者がデートで行ったり、家族が子連れで休日に、といったきっかけがあればまた別だが、その年齢層から外れてしまうとなかなか出向く機会がないのではないか。僕もまさにそんな層。そこで、今回はあえて東京スカイツリーを目指すことに。そして、ひとりでスカイツリーに登って帰ってくるだけというのはあんまりなので、周辺の下町の情緒を感じられる場所を巡り、最後は浅草でゴールというコースを歩いてみた。

首を痛くしながら東京スカイツリーを直下から仰ぎ見ると、仰角がつきすぎて先端まで見えないことが判明。巨大なものは、ある程度距離をおいて拝むのが正しいようで

実は当初、それほどスカイツリーに期待してはいなかった。高さ634mとはいっても、エレベーターで上がれる最高高度は450m。いっぽう東京都民なら誰でも一度は登ったことがあるであろう高尾山の標高は599m。あの山頂からの風景とさほど変わらんだろうよというのが、正直な気持ちだったのだ。

オープン当初は事前に予約をしないと登れないほど大人気だったスカイツリーも、最近では落ち着いたようで、訪ねたのが平日ということもあってかほとんど待ち時間なしに展望デッキ行きエレベーターに乗れた。窓のないエレベーターに乗ること約50秒、分速600mで到着だ。

エレベーターのドアが開くと、眼前にいきなり標高350mからの大パノラマが広がり、一気に気分が盛り上がる。もしかしたらエレベーターに窓がないのは、このギャップを感じさせるための演出なのか。「トンネルを抜けるとそこは……」方式である。眼下にはまさに関東平野を一望できる。

この日は残念ながら見えなかったが、空気が澄んでいる日なら富士山もはっきり眺望できるだろう。理屈で考えれば高さ2000~3000mある高山のほうが遠望は効くのだが、その代わりに、ここからはギッシリと詰まりに詰まった東京の街並みを俯瞰できる。東京タワーや新宿副都心、東京ドームなどのランドマークをヒントに、東京の地理を頭のなかで整理する。当初の期待のなさはどこへやら、デッキをグルグルと歩き回り、多少興奮気味にシャッターを切りまくる。

展望デッキからエレベーターを乗り継げば、標高445から450mへ至る天空回廊へ高度を上げられる。眼下に見える風景の密集度はさらに高まり、それらを眺めているうちに、なんだか頭がクラクラしてくる。日頃見ることのない光景を脳が処理しきれなくなったのか。このまま気分が悪くなってはかなわないので、適当なところで見切りをつけて下界へ。いや、それにしてスカイツリーさん、ナメてました。すいません。

スカイツリーの上から東京の街を眺める。東京ドームや都庁などが、かろうじてそのシルエットから確認できる。延々とどこまでも続くビル街を前に、なぜだかちょっと恐怖を感じた

スカイツリーを出たらしばらく隅田川方面に歩き、墨堤（ぼくてい）通りと水戸街道の間を併走する見番（けんばん）通りに入ってみる。この付近の地名は墨田区向島。向島といえば江戸の時代から花街として知られ、見番通りという名前も、芸妓や料亭などを管轄する「見番」があったことから名づけられたそうだ。通り沿いの建物の多くは建て替えられてはいるが、注意深く眺めてみると、路地の先には往時を偲ばせる黒壁の料亭があったりする。規模は小さくなったとはいえ、料亭も芸妓も現役だ。若いころは、大人になればこういうところで酒が飲めると思っていたが、どういうわけかまったくそんな機会はない。

見番通りの突き当たりから路地を入れば、玉の井や鳩の街といったさらに大人の町、そして文人墨客に愛された庭園・向島百花園へ至るのだが、今回はここから隅田川沿いに進んでいく。川の手前には、江戸末期創業の「言問団子」もあるので、一服していくのもよい。

隅田川沿いを少し歩くと現れる、優雅なX字状をした桜橋を渡って対岸へ。再び川沿いを下って東参道の交差点から西に向かえば、浅草寺の境内だ。

浅草寺といえば、飛鳥時代に隅田川の漁師の網にかかった観音像を祀ったお寺として知られ、徳川家康をはじめ多くの武将の庇護を受けてきた。ご存じのごと

見番通りを歩いていて見かけたお菓子屋さん。木枠の引き戸、ガラス張りの陳列ケース、アイスクリーム用の冷凍庫など、どれもが懐かしい昭和仕様だ。奥にはアナログ式の計りもあった

浅草といえばやっぱり雷門。正式名称は風雷神門で、門の右に風神様、左に雷神様がひかえる。いつの間にか外国人旅行者の定番スポットとなった。ここから仲見世を抜けて、いざ浅草寺へ

く、今日では海外からの観光客も多く、仲見世の混雑具合は驚くほどだ。お参りをすませたら、仲見世に突入するもよし、同行者がいれば遊園地「花やしき」もよし。大人のひとり旅としては、ここはやっぱり浅草寺西側の「ホッピー通り」で打ち上げだろうか。

DATA

⦿モデルプラン：東武スカイツリーラインとうきょうスカイツリー駅→東京スカイツリー→見番通り→桜橋→浅草寺→東京メトロ浅草駅
⦿歩行距離：約4.5km
⦿歩行時間：約1時間半
⦿アクセス：起点のとうきょうスカイツリー駅へは、浅草駅から東京スカイツリーラインで約3分。終点の浅草駅からは都営浅草線快特で新橋駅へ約14分
⦿立ち寄りスポット情報：東京スカイツリー＝墨田区押上1-1-2。📞0570-55-0634。8:00〜22:00。無休。一般2060円（展望デッキまで）、1030円（天空回廊へ）。浅草寺＝台東区浅草2-3-1。📞03-3842-0181

千住界隈と荒川土手

せんじゅかいわいとあらかわどて

東京都

松尾芭蕉の旅立ちをなぞり、銭湯に入って懐かしの土手へ

東京東部、足立区千住界隈は古くから日光街道や奥州街道の宿場町として開け、今も旧道沿いには当時の面影を残す建物が現存している。また徒歩旅行の大先輩である松尾芭蕉が、『おくのほそ道』の旅へ出る際の出発地としても知られている。彼の旅はここより日光を経由して東北へ、そこから日本海沿いに南下して岐阜県の大垣へ至ったもので、その総距離約２４００㎞。およそ5カ月にわたる大旅行だったという。お手軽な半日徒歩旅行では、とうていその片鱗すらうかがうことはできないが、せめて旅立ちの旅情だけでも味わってみようと千住の町へ向かった。

起点となるのは南千住駅。改札を出るとすぐに松尾芭蕉像が迎えてくれる。手には筆と短冊が握られており、これはこの地で、『おくのほそ道』の矢立初めの句、つまり最初の

南千住の駅前の立つ松尾芭蕉像。足元を見て、あらためて当時の旅がワラジ履きだったことに気づく。旅を終えるまでに果たして何足のワラジを履き潰したことだろう

一句を詠んだことにちなんだもの。その句は『行く春や　鳥啼き　魚の目は泪』。

駅前から北への道を進んでいけば、やがて隅田川とぶつかる。そこから川沿いにやや上流へ向かえば、現れるのはいわずと知れた千住大橋だ。千住大橋が架けられたのは徳川家康が江戸に来てまだまもないころで、隅田川に架けられた最初の橋だそうだ。現在の橋は昭和2年に竣工されたもので、アーチには堂々と「大橋」の文字が刻まれている。橋のたもとにある素戔雄（すさのお）神社には、矢立初めの句碑も建てられている。

千住大橋を渡る日光街道はクルマの往来が激しいが、渡って少し歩いたところ

で旧道に入れば、静かな街歩きを楽しめる。右手に現れる足立市場が分岐の目印だ。そもそも旧道のこのあたりは足立市場の一部だったそうで、それをしのぶかのように、道沿いには「元青物問屋　川崎屋」とか「谷塚屋」といった、当時あった問屋の名前を記した木札が壁に掲げられている。

北千住に近づくにつれて旧道沿いは賑やかさを増し、団子屋や揚げ物屋、かき氷屋など、飲食店も増えてくる。つまみながらのそぞろ歩きも楽しい。

北千住駅から来る道を渡ると周囲はますます賑わってくるが、この先でちょっと寄り道。千住寿町方面に入ったところに、北千住に来たからにはぜひ寄っておきたい銭湯があるのだ。その名は「大黒湯」。銭湯好きからは、東京の「キング・オブ・銭湯」の名を拝している名銭湯だ。時間は午後3時を回っており、営業も開始している。

銭湯の前に立つとあらためてその迫力に驚かされる。銭湯を形容するのにふさわしいのかはわからないが、まっさきに頭に浮かんだことばは「荘厳」だった。事情を知らない外国人旅行者だったら、お寺と勘違いしてしまうだろうな。ちなみに現在の建物は昭和4年に建てられたものだそう。

年季の入った格天井が美しい脱衣所を抜けて浴室へ入れば、まだ日も高いのに地元の人

北千住の名銭湯「大黒湯」。迫力のある外観はまるで寺社仏閣のようだ。創業は昭和初期とのこと。まだ明るい時間から、たくさんのご年配たちが自転車に乗ってやってきていた

でなかなかの入り。下町の銭湯はお湯が熱いことが多いが、ここはまさに適温。首まで浸かり、高い天井を眺めていれば今日一日の疲れもすっと落ちるようだ。

いやいや、いかん。旅はまだ終わっていない。沈没しそうになるのをぐっとこらえて、先ほどの旧道へ戻る。この先、次第に人通りは少なくなってくるが、そのぶん江戸の宿場町時代を感じさせる建物が現れる。当代で8代目になるという絵馬屋の吉田家や、江戸時代後期の建築を今に残す横山家住宅、当時から骨接ぎの名医として知られ、現在も営業を続ける名倉医院など、いずれも現役の住居なので見学は外観のみだが、それでも時代

江戸時代から骨接ぎの名医として知られる名倉医院。時代劇などにもこの名前が登場することがある。現在もこの建物で、整形外科医として営業を続けている

の空気は十分に感じられる。

やがて道は荒川とぶつかるので、そこからは荒川の土手沿いを下流に歩いてみよう。川面を渡ってくる風が湯上がりに気持ちがよい。河川敷には、サッカーや野球を楽しむ若者たちの姿が躍っている。

この先、桜堤中（さくらつつみ）を右手に眺めるあたりには、僕と同世代にとって懐かしい風景が現れる。この付近は武田鉄矢が主演したドラマ『3年B組金八先生』のロケ地で使われており、劇中をはじめオープニング・ロールでも毎回登場している。僕は決して夢中になって観た派ではないが、劇中の生徒たちの年齢設定が当時の僕と同じだったとあって、なんだか大人でも

北千住駅から北へ向かって歩いてくると、やがて土手にぶつかり、その先に流れているのが荒川。この荒川土手は、テレビドラマ『3年B組金八先生』のロケ地としてよく登場した

子どもでもない中途半端だったころの自分を思い出して、ちょっとせつなくなる。
このまま堀切橋まで歩けば、京成線京成関屋駅や東武スカイツリーライン牛田駅までは目と鼻の先。北千住駅まで歩いても15分ほどだ。

DATA

⦿モデルプラン：JR・東京メトロ南千住駅→千住大橋→日光街道旧道→大黒湯→名倉医院→荒川土手→東武スカイツリーライン牛田駅
⦿歩行距離：約6km
⦿歩行時間：約2時間
⦿アクセス：起点の南千住駅へは、上野駅から東京メトロ日比谷線で約6分。終点の牛田駅からは、東武スカイツリーラインで北千住駅まで約2分。北千住駅からは、東京メトロ日比谷線で上野駅まで約9分
⦿立ち寄りスポット情報：大黒湯＝足立区千住寿町32-6。☎03-3881-3001。15:00〜24:00。月曜(祝日の場合は翌日)休。一般460円。絵馬屋吉田家＝足立区千住4-15-8。横山家住宅＝足立区千住4-28-1。名倉医院＝足立区千住5-22-1(大黒湯以外は外観見学のみ)

成田山

なりたさん

千葉県

成田空港から最も近い観光スポットで、外国人旅行者気分を味わう

成田空港からもほど近い成田山新勝寺が、実は外国人旅行者に人気が高いという話は以前より聞いていた。成田で乗り継ぎをするために一泊だけ空港付近のホテルに滞在する旅行者だったり、乗務と乗務の間の時間に余裕がある客室乗務員などが、手軽に日本観光を楽しむのにうってつけなのだそうだ。たしかに空港からはひと駅なので、日本に土地勘のない彼らでも、安心して空港から離れられるのだろう。

となると僕たち日本人としても一度は訪ねてみたいもの。もちろん初詣や厄払いでお参りをしている人にはお馴染みなのだろうが、そうでない人はなかなか足が延びない。成田空港に行く機会はあっても、行くときそんな寄り道はできないし、帰りは帰りで荷物はあるわ、ヘトヘトに疲れているわでこれも無理。成田に到着した旅行者に一番至便なこの観

成田山の参道には、名物の鰻屋や漬け物屋が軒を連ねる。正面に見える三階建ての木造建築が大野屋旅館。屋根の上にさらに延びる望楼が時代を感じさせ、見事

光スポットを、僕も外国人気分で目指してみることにした。

　起点となるのは京成線かＪＲの成田駅。いずれの駅から出てもすぐ前を走る道を北上すれば、そのまま新勝寺の参道に通じる。道筋には歴史を感じさせる商家が数多く残っており、いきなり異国情緒（外国人にとって）が高まる。景観保全の条例が施行されているのだろう、途中にあるコンビニの看板もモノトーンに抑えられている。電線も地下に埋設されているのか、電柱のない空が広い。名物の漬け物やおせんべいといった商品が並ぶ店のなかに、ポツポツと鰻屋が連なる。店頭では大きなまな板の前で、親方のもと一

広大な敷地を有する成田山新勝寺だが、山門をくぐったらまずは大本堂にお参りしよう。新勝寺で最も重要な行事である「御護摩祈祷」も、この大本堂で行われる

所懸命鰻の串打ちに精を出す若き職人の姿が清々しい。外国人旅行者が、そんな鰻の調理過程を興味深げにのぞいている。

途中には「JET RUG CLUB（時差ボケクラブ）」なんていう名前のバーも看板を出していて、夜だったらぜひ寄ってみたいところだ。成田に着いたばかりで時差ボケ真っ最中の旅行者は、ここで調整するのだろうか。

参道が緩やかなカーブを描きながら下っていくところに現れる、ひときわ異彩を放つ建物が大野屋旅館。木造三階建ての建物のそのさらに上に望楼が据えられていて、当時からの成田山の賑わいを今に伝えている。ちなみに大野屋旅館の創業は江戸中期で、現存の建物は昭和10年建築とのこと。現在も鰻を中心とする和食の店として営業を続けている。

そしてその先に建つのが成田山の大きな総門。そこをくぐってすぐに目に入る巨大な赤い提灯は、東京の魚河岸が奉納したものだそうだ。ここまで来るとさすがに外国人旅行者の姿が多い。どこかに着物のレンタル・着付けサービスがあるのだろう。和服姿の外国人女性同士が、境内のあちこちでああでもないこうでもないといいながら、お互いの姿を写真に収めている。そのいっぽうでは、大きなスーツケースを転がしたままここまでやって来る人もいて、階段の多い境内では

新勝寺では、着物を着て散策する外国人の女性を多く見かけた。記念写真を撮るにあたって、どんな背景で、どんな仕草をするのかという様子に、彼女たちの日本観が見えて興味深い

さぞかし大変だろう。大きすぎて空港や駅のコインロッカーには入れられなかったのだろうか。

本堂に向かって左に行けば出世稲荷、本堂の左脇に位置する釈迦堂は海運厄除け、本堂裏手の光明堂は恋愛成就、さらにそこから奥へ行ったところにある醫王殿(いおうでん)は健康長寿と病気平癒と、新勝寺の御利益は全方位だ。

大本堂から、ぐるりと時計回りに境内を歩いていくと、そこには成田山公園という日本庭園が広がっており、その広さは東京ドーム3・5個分だとか。なるほど。庭園巡りも楽しめるというわけだ。ここでも多くの外国人旅行者がのんびりと散策を楽しんでいた。

成田山を一周したら、帰路は往路の参道と併走するように抜ける、通称・電車道を歩いて戻ろう。こちらは参道とはうって変わって静かな車道だ。電車道と呼ばれるのには理由があって、ここには過去、実際に電車が走っていたのだそうだ。成宗(せいそう)電車と呼ばれたその鉄道は明治43年に開通、成田山の山門と成田駅を結んでいたのだという。当時の線路跡にしては広い道路だなと思ったら、その時代にあって線路は複線、多いときには5～15分間隔で運行していたというから、成宗電車の賑わいというより成田山の賑わいぶりが想像できる。やがて成宗電車は太平洋戦争の激化によって廃線に。現在ではふたつほど残ってい

かつて、成田山の山門まで運行していた成宗電車の数少ない遺構が、このレンガ積みのトンネル。現在は「電車道」と呼ばれる車道のトンネルとして使われている

るレンガ積みのトンネルが、かろうじて当時の様子を残している。

この電車道伝いに歩いていけば、京成線の高架に突き当たる。そこから成田駅はすぐの距離だが、せっかくなのでもう一度参道に戻り、目をつけておいた店でたまには鰻丼でも食べることにしようか。

DATA

⊙モデルプラン：京成本線京成成田駅→参道→成田山新勝寺→電車道→京成本線京成成田駅
⊙歩行距離：約4km
⊙歩行時間：約1時間半
⊙アクセス：起終点の京成成田駅へは、京成本線日暮里駅から特急で約1時間2分
⊙立ち寄りスポット情報：成田山新勝寺＝成田市成田1。℡0476-22-2111

迎賓館と豊川稲荷

げいひんかんととよかわいなり

東京都

東京の真ん中でVIP気分に浸り、大岡越前由来のきつねそばをいただく

仕事関係で出向くことはあっても、意外とのんびり歩くことがないのが東京の中心部。今回はそんななかでも、山手線のほぼ真ん中といってもよい四ツ谷を起点に徒歩旅行だ。

ＪＲ四ツ谷駅の赤坂口を出て南下すると、すぐに現れる宮殿のような建物。いわずと知れた迎賓館だ。正しくは迎賓館赤坂離宮。もともとは１９０９年に皇太子の居城として建設されたもので、それを１９７４年に外国からの賓客を迎えるための施設として改修したのだそうだ。

意外なことにこの迎賓館、来賓がないときは一般にも開放されている。国民の財産なのだから当たり前といえば当たり前なのだが、僕も最近まで知らなかった。迎賓館と自分の立ち位置があまりにもかけ離れているために、そう思い込んでいたのか。

山手線のど真ん中とは思えないほど、広大な敷地を持つ迎賓館赤坂離宮。かつては東京オリンピック組織委員会や国立国会図書館としても使用された。日本唯一のネオバロック様式の宮殿建築だそう

本館内部は事前予約（一部当日受付もあり）が必要だが、主庭、前庭といった庭周りは当日いきなり行っても見学できる。入館に際しては空港並みのセキュリティチェックはあるものの、庭の散歩自体はほぼフリー。主庭に敷き詰められた玉砂利を踏みしめながら、「世界中のＶＩＰもここを歩いたのか」と思うとなんだか不思議な気分だ。

正門から送り出されるように外に出たら、そこからは迎賓館の東側に沿って南へ。左手には昭和の輝きを感じさせるホテル・ニューオータニが建っている。

やがて紀之国坂を下っていくと青山通りにぶつかるが、その角にあるのが豊川

豊川稲荷は、正確には「豊川稲荷東京別院」。愛知県豊川稲荷直轄の別院だ。境内には、いたるところに神使のキツネがずらりと並んでいて壮観。それだけ信仰を集めているということだろう

稲荷だ。ここは大岡裁きで有名な大岡越前守が、三河から江戸にやってくる際に、愛知にある豊川稲荷を勧請したものとされ、一歩境内に入ると赤坂界隈の喧噪からは隔絶した静寂空間が広がっている。とくに、稲荷神社だけあってその神使であるキツネの像の数は途方もなく、ずらりと並ぶ姿は壮観の一語。失せ物に霊験あらたかとのことなので、物をなくしてばかりいる人はお参りしていくといいだろう。

ちょっと小腹が空いてきたので、参道に何軒か並ぶ店のなかから「家元屋」に立ち寄ってみる。お世辞にも広いとはいえない店内はアットホーム感にあふれ、

なんだか田舎のおばあちゃんの家に来たかのよう。品書きにはいくつもメニューが並ぶが、せっかく豊川稲荷にきたのだから、注文するのはきつねそばとお稲荷さん。甘じょっぱく煮られた油揚げがこれまた懐かしさを醸し出す。お会計時に店先で店番をしていたおばあちゃんに話を聞くと、この店が創業したのはなんと明治3年。ご先祖様は大岡越前守とともに江戸にやってきたのだそうだ。

「今度の東京オリンピックの年で創業150年になるのよ」

おばあちゃんは嬉しそうに、そう語ってくれた。

豊川稲荷からは赤坂方面へ。いつのま

豊川稲荷の門前にある、家元屋さんで注文したきつねそばとお稲荷さん。店先では愛想のよいおばあちゃんが、お菓子や飲み物、そして御供え用の油揚げを売っていた

にかチェーン店ばかりになってしまった一ツ木通りを通ってＴＢＳの脇を抜け、そこからさらに南へ向かうとやがて六本木通りへ出る。道が複雑に分岐しているうえ、上には首都高がかぶさる六本木二丁目の交差点からスペイン坂を上ると、その先には坂の名前の由来にもなっているスペイン大使館が現れる。この界隈には大使館が多く、スウェーデン大使館やオランダ大使館も近い。

神谷町駅が近づいてくるとだんだん東京タワーのトンガリ頭が見えてくるので、進路をそちらへ取る。都心のあちこちから東京タワーを眺める機会は多いが、足元から見上げる東京タワーの存在感はやはり別格だ。完成してからすでに60年を経ているが、時代がひと巡りして再びそのかっこよさが増しているように見えるのは、昭和生まれの身びいきだろうか。

ちなみにこの東京タワー、映画やドラマではこれまでにも幾度となくゴジラやモスラに破壊されているが、強く印象に残っているのは、子どものころにテレビでやっていたドラマ版の『日本沈没』。東京がいよいよ海に呑まれようというときに、東京タワーに最後まで残っていたラジオ局のアナウンサーが「世界の皆さん、こちらは東京！　東京から最後の放送であります。さようなら、世界の皆さん！」と叫んでいた場面は、今思い出しても

東京タワーが完成したのは1958年。高度経済成長のまっただ中だ。高さ333mのこの電波塔も、高さでは東京スカイツリーに大きく水をあけられたが、今も東京の象徴的存在であることに変わりはない

目頭が熱くなる。

東京タワーから坂道を下ればすぐに芝公園、そして芝増上寺。東京タワーを含め、昨今は観光客も多いエリアである。そしてその先には飲み屋がひしめく浜松町駅界隈。このへんで今回の旅を終わらせよう。

DATA

⦿モデルプラン：JR中央線四ツ谷駅→迎賓館→豊川稲荷→スペイン坂→東京タワー→JR山手線浜松町駅
⦿歩行距離：約6km
⦿歩行時間：約2時間
⦿アクセス：起点の四ツ谷駅へは、東京駅から中央線快速で約9分。終点の浜松町駅からはJR山手線で東京駅へ約7分
⦿立ち寄りスポット情報：迎賓館赤坂離宮＝港区元赤坂2-1-1。℡03-3478-1111。10:00～17:00。賓客の接遇に支障のない範囲で公開。一般300円（いずれも庭園参観のみの場合。詳細はHP参照とのこと）。家元屋＝港区元赤坂1-4-7。℡03-3408-2605。11:00～17:00。第2、3火曜休

目黒不動

めぐろふどう

東京都

お不動様、巨樹の森、競馬場跡、そして寄生虫を巡る旅

目黒といえば、以前から気になっているスポットがいくつかあった。たとえば目黒不動。江戸時代から庶民の身近な観光スポットとして知られ、池波正太郎の小説『鬼平犯科帳』でも何度か主人公の平蔵が出向く話があり、そのシーンが妙に心に残っていたりする。たとえば林試の森公園。「林試」ってなんだ？　公園ていうからにはのんびりできるのだろうか。たとえば「元競馬場」というバス停。昔、イラストレーターに仕事をお願いするにあたって、教えてもらった最寄りバス停が元競馬場だった。「元」ってどういうこと？　さらには「目黒寄生虫館」。これはもう説明するまでもない。

そんなある日、目黒不動の場所だけでも知っておこうと地図で確認。なるほど、こんな場所なのか。あれ、林試の森ってその隣りじゃん！　え、元競馬場はそのすぐ北だ。さら

江戸時代、幕府の手厚い保護を受けた目黒不動は、近郊の行楽地として大いに賑わったそうだ。敷地内に別名「甘藷先生」で知られる青木昆陽の墓もあるせいか、境内にはサツマイモが植えられていた

にそこから目黒駅方面に向かえば途中に目黒寄生虫館があるよ！　かくして、こんな惑星直列的な偶然から、徒歩旅行が始まることもある。

起点は東急目黒線の不動前駅。駅前からクランク状に延びる商店街を抜けると、桜並木の通りに出るのでそれを西へ。やがて現れる信号のある交差点を北に入り、その筋がいつのまにか目黒不動前商店街と名を変えるころ、正面に目黒不動の立派な山門が現れる。参道に店を構える鰻の老舗「八っ目や　にしむら」からは、蒲焼きのよい香りが漂っていて空腹には堪える。

目黒不動は、正しくは天台宗泰叡山瀧

目黒不動境内、独鈷の瀧の流れだしにある「水かけ不動明王」。うれしそうに水をかけていたおばあちゃんの様子を見るに、これにはストレス解消の効果もありそうだった

泉寺。江戸時代、三代将軍家光の帰依によって、その後幕府からも手厚い保護を受けたのだそう。1200年以上前、慈覚大師によって開山され、当時、大師が「独鈷」と呼ばれる法具を投じて湧出させたという泉は今も残り、後にこれは「独鈷の瀧」と呼ばれ、行者の水垢離場となったのだという。

現在はそこに、自分の代わりに水に打たれてくれる「水かけ不動明王」という像が造立され、これに柄杓で水をかけることで、自分が水垢離したのと同じ効果があるのだとか。

僕の前に立ち、「これでもか！」というくらいに何度も不動明王に水をかけていたおばあちゃんは、「こうするとね、本当に自分の身が清らかになっていくようなのー」と、実に幸せそうに語るのだった。

さてさて。お参りをすませたら、参道を抜けて林試の森公園へ。ここはもともと明治時代に「目黒試験苗圃（びょうほ）」と呼ばれていたものが、後に「林業試験場」となり、林野庁の管轄で昭和の後半まで実際にさまざまな樹木の生育試験などが行われていたのだそう。その跡地を整備して、平成に入ってから公園として現在へ。つまり「林試の森」という名前はきわめて理にかなったものだったのだ。

試験場時代の木が今もそのまま残って

面積12万平方メートルを誇る林試の森公園内には、ケヤキやポプラ、スズカケノキなどの巨樹が育つほか、国内ではあまり見ない外国産の珍しい樹木も観察できる

台風で倒れて朽ちていくがままになっているユーカリの木。現在、倒れた樹木がどのように周囲に影響を及ぼしていくのかという実験中。広大な敷地を持つ公園ならでは

いるのが特徴で、巨樹クラスの木がゴロゴロとある。ゴロゴロといえば、大きなユーカリの木がごろりと倒れたままになっているのが気になったのだが、解説を読んで納得。このユーカリは２０１１年の台風で倒れてしまい、通常こういう場合は堆肥化などして活用するところを、これは「倒木をそのまま放置したら、どのように自然に戻っていくのか」という壮大な実験中なのだった。

林試の森公園でひと休みしたあとは元競馬場へ。ここは、ただそういう名前のバス停があるだけではない。当時あった競馬場のコースの半分近くが、現在も道路となって残っているのだそうだ。地形

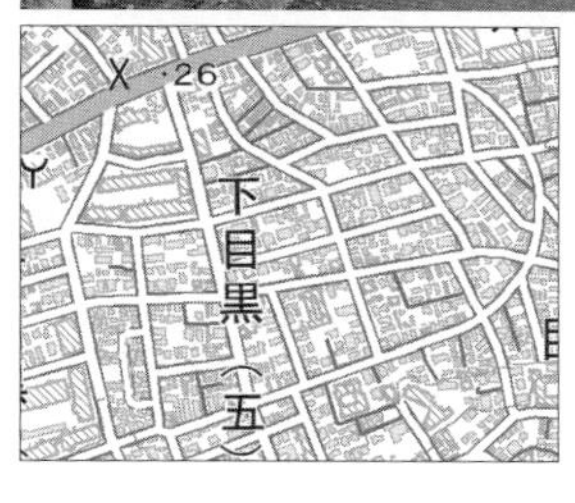

住宅街のなか、緩やかにカーブを描いて続く細い道。これが元競馬場のコースと一致する（写真上）。国土地理院地形図内にも、楕円状のコースの一部が現在も見て取れる（写真左）

図を見るとその痕跡は一目瞭然。楕円状のコースを斜め半分に切った残りのような道筋が、住宅街のなかにはっきり見える。公園から住宅街を少し抜けると、その取っ付きはすぐに現れた。クルマ一台がギリギリ通れるような細い道が、そこから真っ直ぐと続いている。おそらく、ここが競馬場時代のストレートコースにあたるのだろう。

少し歩くと道端に小さな児童公園があり、そこには一本の桜の木が立っていて、この桜は競馬場時代からここにあったものだそうだ。

やがて道は少しずつカーブを描いていく。その曲がりかたが緩やかなので、だんだん自分が今どこまで曲がっているのかわからなくなってしまったが、地形図を見るとヘアピンカーブを曲がりきったところまでこの道は続いているので、ほぼ180度曲がりきったといっていいだろう。

行き止まりになったところで右に入ると、すぐに目黒通りと合流した。そして、昔不思議に思った「元競馬場」バス停もそこにあった。

ちなみにここに存在したのは、その名も目黒競馬場。明治40年に創立され、昭和8年に府中に移転するまでこの地でダービーが催されていたのだそう。

ここから目黒通りを目黒駅に向かえば、途中で目黒寄生虫館が現れる。ご存じ、人や動物、魚などにつく寄生虫の膨大なコレクションを見学できる博物館で、なぜかカップルの見学者が多いことでも有名である。ひとしきり見学を終えると、当初は気持ち悪さしかなかった寄生虫だが、寄生するという生きかたを選んだ彼らにちょっと畏敬の念すら感じること請け合いである。

帰り際、ミュージアムショップで実物のアニサキス（サバなんかに寄生して、ときどき人が誤食して騒ぎになるあれね）をアクリル樹脂に封入したストラップを購入しようとしたところ、受付のお姉さんがドサッと10個ほどアニサキス・ストラップを出してきてくれ

目黒通り沿いに立っていた。名馬「トウルヌソル号」の像。数多くのダービー優勝馬の父（写真左）。目黒寄生虫館で購入したアニサキスのストラップ。このアニサキスが僕のお気に入り！（写真下）

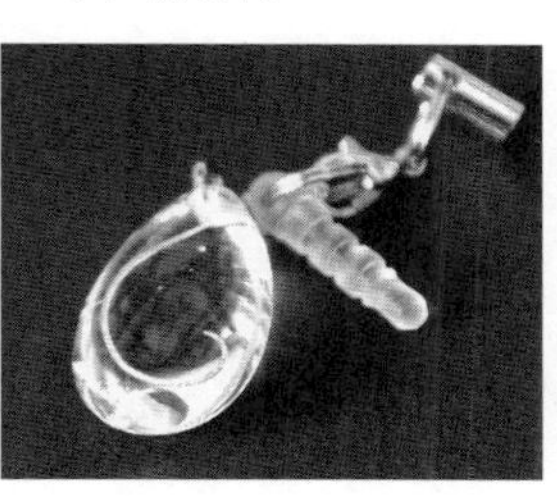

て、「お好きなアニサキスを選んでください」と、僕に勧めてくれた。たしかにどれもが一点物なので、それぞれ若干封入されている形状や大きさは違うのだが、それにしても、「お好きなアニサキス……」。ああ、愛があるんだなあ。

DATA

⊙モデルプラン：東急目黒線不動前駅→目黒不動→林試の森公園→競馬場跡→目黒寄生虫館→JR目黒駅
⊙歩行距離：約4.5km
⊙歩行時間：約1時間半
⊙アクセス：起点の不動前駅へは、目黒駅から東急目黒線で約1分。終点の目黒駅からは、JR山手線で渋谷駅まで約5分
⊙立ち寄りスポット情報：目黒不動＝目黒区下目黒3-20-26。℡03-3712-7549。林試の森公園＝目黒区下目黒5、品川区小山台2。℡03-3792-3800。無休（各施設は年末年始休）。無料。目黒寄生虫館＝目黒区下目黒4-1-1。℡03-3716-1264。10:00～17:00。月火曜、年末年始休。無料

浦安

うらやす

千葉県

現代の浦安に、漁師町だったころの浦安を探す旅

千葉県浦安といえば、今では東京ディズニーランドのイメージが強いが、ここはもともとは豊かな漁師町だった。浦安を舞台に1960年に発表された山本周五郎の小説『青べか物語』の冒頭には、「浦粕町は根戸川のもっとも下流にある漁師町で、貝と海苔と釣場とで知られていた」とある。浦粕は浦安、根戸川は江戸川だろう。そんな当時の面影を辿ってみたくて、浦安の街を北から南へと歩いてみた。

出発地は東京メトロ東西線の浦安駅。この街の漁業の歴史を知るために、まずは駅から至近の距離にある「浦安魚市場」を目指す。浦安魚市場の開業は昭和29年。当時は現在の浦安橋付近にあり、それが今日の場所に移転したのが昭和46年のこと。入口の壁に描かれた大きなクジラの絵が目印だ。場内に並ぶお店は約30軒。部分的に櫛の歯が欠けたように

浦安駅からほど近くにある浦安魚市場。貝や海苔など、漁師町だったころの名産を売る店が多い（写真上）。市場内の食堂でいただいた海鮮丼は味噌汁つきで1100円。美味（写真左）

空きスペースになっているのがちょっと淋しいが、営業しているお店はまだまだ元気。

　ここの市場の特徴のひとつとして、プロが買うお店で僕たち素人も同様に購入できるというのがある。歩いていると、たしかに買い物途中と思われるおばちゃんの姿もチラホラ。アサリを始めとする貝類、そして海苔の店が目立つのも浦安らしい。そう、漁師町だった当時、浦安はこれらを主な水揚げ品としていたのだ。

　場内には食堂も何軒かあるので、僕もここで早い昼食として海鮮丼をいただく。素人フレンドリーな浦安魚市場だが、営業時間だけはきっちりプロ仕様で、午前

4時から正午まで。これは食堂も同様なので、今回は珍しく午前中から歩きはじめたのだ。カウンターの脇に座っているおじちゃんは、すでにこの日の仕事を終えた市場関係者なのか、ほろ酔い気分で相撲の話題に盛り上がっている。

浦安魚市場を後にしたら、駅から来た道をそのまま直進。交差点を左へ入ると、やがて船圦(ふないり)緑道と呼ばれる遊歩道が現れる。ここは昭和40年代後半まで、「船圦」と呼ばれていた川が流れ込んでいた場所で、それまでの漁師はこの川沿いに漁船を係留し、ここから江戸川を経て海に出ていたのだそうだ。それを証明するかのように、この緑道を辿っていくとやがて大きな水門が目に入り、その先には広々とした江戸川が広がっている。

ここからしばらくは江戸川沿いを下っていく。途中には釣り船や屋形船が並んでいる。浦安橋の下をくぐってしばらく歩くと、再び大きな水門が現れる。これが境川と江戸川を繋ぐ境川西水門で、この境川も当時の漁師たちにとって絶好の船着き場だったらしい。川沿いには銭湯が何軒かあったので、近所のおばあちゃんに聞いてみると、「昔はね、漁を終えた漁師がここまで帰ってきて、銭湯に入ってさっぱりしてから家に帰ったもんだよ。だからあのころは、銭湯も朝からやってたねえ」と懐かしそうに教えてくれた。

そういえば映画『男はつらいよ 望郷篇』だったか。地元葛飾柴又の江戸川に係留して

江戸川と境川を隔てる境川西水門。当時、東京湾での漁を終えた漁師たちは江戸川を遡り、さらにはここから境川に入り込んで船を係留した。当時の浦安の中心はこのあたりだったようだ

あったボートで寅さんが昼寝しているうちに、もやいが解けて漂流。その後しばらくして、行方不明（？）になった寅さんは下流にあたるこの浦安の豆腐屋で働いていることが発覚するというエピソードがあった。あの映画には、まだまだ漁師町だったころの浦安の風景が活き活きと描かれている。

境川と併走するように通るフラワー通りには、江戸末期から明治初期に建てられた古民家が開放されている。当時の人の暮らしを知るには絶好のポイントだ。

フラワー通りが行き止まりになったら、左折して再び境川沿いの遊歩道を歩く。しばらくすると左手に浦安市郷土博物館

浦安市郷土博物館の見どころは、この野外展示。漁師町だったころの浦安の姿が再現され、水路には「べカ舟」と呼ばれる、当時の海苔採りに用いられた小型船も浮かべられている

が現れるが、ここは必見。館内には浦安の漁業や海に関する展示があり、こちらも興味深いが、なんといっても見どころなのは、昭和27年ごろの浦安の街を再現した「懐かしい浦安のまち」と呼ばれる野外展示だ。煙草屋や豆腐屋、天ぷら屋、そして三軒長屋などがびっしりと並んでおり、そのうちのいくつかは文化財にも指定されているそうだ。

実際になかに入って見学することも可能で、解説の女性によると、「押し入れや引き出しのなかにも浦安の人から寄付していただいた当時のものがいろいろ入っているので、どんどん開けてみてください」とのことだが、なんだか見知らぬ家に忍び込んだこそ泥のような気分になって、ちょっと恐縮してしまう。

　これだけの展示をして入館無料というのも素晴らしい。浦安市は、ディズニーランドのおかげもあってか全国でも有数の豊かな市であるというのを聞いたことがあったが、その財政力を目の当たりにした思いだ。

　博物館からはさらに境川沿いを南下すると、ＪＲ京葉線を越えたところで不思議なものを発見。住宅街の脇にコンクリートで築かれた土塁（どるい）のようなものが延々と続いているのだ。住宅街になぜこんなものが。たまたま傍らに草刈り作業をしていた男性がいたので尋ねてみると、こ

浦安市郷土博物館に再現された、当時の長屋の内部。シンプルで余計なものがいっさいない部屋のなかは、今となっては逆に新鮮さを感じてしまう。行李や行灯といった調度品も美しい

れは浦安が過去に埋立事業を行ったときの末端部。時代にして昭和40～50年にかけて。つまり当時、この先は海だったわけだ。

そこからはこの構造物を辿って歩いていく。途中から左に曲がって、広い車道と併走して構造物はさらに続いている。構造物の手前には住宅街が、そして反対側、つまりこれが現役だったころはまだ海だった一帯にはホテルや高層マンションが居並び、そのコントラストが旧市街と新市街のような様相を呈している。

そんな光景を眺めながら歩いていると、ついに構造物の末端に到着。そしてその先にあったのは、三番瀬だった。過去に

住宅街の脇に残されていた長大なコンクリートの構造物。聞けば、ここは過去に海辺の末端部だったそうだ。今ではこの先にも延々と土地が続き、高層マンションなどもたくさん建てられている

過去の堤防を追いかけて、最後に辿り着いたのが三番瀬。今も現役の漁場だ。この海を眺め、この日合ったさまざまなものを思い返しながら、往時の浦安を偲んでみた

幾度も埋立事業の対象にされながらも、粘り強い反対運動によって守られている、東京湾最奥の干潟だ。現在も海苔の養殖やアサリ漁が行われている豊かな海でもある。おだやかに波打つその光景は、古きよき浦安を辿る旅のゴールとしてはこのうえないものだった。

DATA

⦿モデルプラン：東京メトロ東西線浦安駅→浦安魚市場→船圦緑道→境川西水門→浦安市郷土博物館→埋立事業遺構→三番瀬→京葉線新浦安駅
⦿歩行距離：約8.5km
⦿歩行時間：約3時間
⦿アクセス：起点の浦安駅へは、大手町駅より東京メトロ東西線で約20分。終点の新浦安駅からは、JR京葉線で東京駅まで約20分
⦿立ち寄りスポット情報：浦安魚市場＝浦安市北栄1-10-20。℡047-351-4171。4:00～12:00。月曜、第3火曜休。浦安市郷土博物館＝浦安市猫実1-2-7。℡047-305-4300。9:30～17:00。月(祝日の場合翌日)、祝日の翌日、館内整理日、年末年始休。無料

豪徳寺と松陰神社

ごうとくじとしょういんじんじゃ

東京都

ずらりと並ぶ招き猫に圧倒されつつ、サザエさんの街を目指す

世田谷にある古刹、豪徳寺といえば招き猫の奉納で知られている。以前にも訪ねたことはあるが、最近は外国人旅行者からの人気も高いと聞き、久しぶりに出かけてみる。せっかくなのでそこから松陰神社、そして桜新町にある長谷川町子美術館へと、世田谷を縦断するコースを選んでみよう。

小田急線を豪徳寺駅で降りたら、世田谷線沿いに続く豪徳寺商店街を進む。やがて踏み切り脇で道が途切れるので左へ。豪徳寺の広大な敷地を覆う壁が現れたら、それを伝うように半時計回りに歩いていけば、立派な山門に出る。

境内には本堂や三重塔など見どころは多いが、やはり一番人だかりがあるのは招き猫が奉納されている招福殿。ひっきりなしに観光客がやってきては写真に収めている。見れば

訪れるたびに、その数を増やしているように思える豪徳寺の招き猫。願いがかなったときに奉納するというシステムなので、増え続けるというのも、あながち不思議なことではないだろう

アジア、欧米を問わず外国人が多い。無数といってもよいほど大小さまざまの招き猫が居並ぶ光景は、かわいさを越えて迫力さえある。ちなみにこの招き猫は、社務所で売られている。招き猫を持ち帰り、願いがかなったときはここに奉納するという仕組みなのだ。ここを眺めていると、本当に多くの願いがかなっているんだなあと実感する。

豪徳寺を後にしたら今度は松陰神社を目指そう。道すがらには世田谷区で唯一の歴史公園・世田谷城址公園もあるのでここに寄っていくのもいいだろう。南北朝時代に初代吉良氏が世田谷を拝領したときに、ここに世田谷城を建てたのだそ

うだ。現在も掘をはじめ、郭跡が残っている。

世田谷区役所をかすめるように歩くと、やがて松陰神社に到着だ。ご存じ、思想家でもあり教育者でもあった吉田松陰を祀った神社である。幕末が舞台になった大河ドラマにもたびたび登場する。学問の神様としても知られているので、合格祈願にここを参拝する受験生も多い。清められた境内には凜とした空気が漂い、思わず居住まいを直したくなる。

松陰神社からは松陰神社商店街が南に向かって延びている。昔ながらの個人商店と、こちらも個人経営であろう新しいお店がバランスよく混じっていて好感が持てる。

松陰神社商店街からはさらに南下。弦巻通りを経て桜新町駅へ。この界隈は細かな道が多く、そんなところを迷いながら歩くのも楽しい。駅に着いたら、その名もサザエさん通りに入って長谷川町子美術館を目指す。この通りにはサザエさんに関するモチーフがさまざま潜んでいるので、探しながら歩いてみよう。とくに交番の前に堂々とサザエさん像が立てられているのを見ると、サザエさんがこの街でとても愛されているのがわかる。

長谷川町子美術館は、サザエさんの作者である長谷川町子が所蔵していたさまざまな美術品を企画展に応じて公開するほか、『サザエさん』の原稿や、サザエさん執筆のきっかけを紹介した漫画などが展示されている。なかでも興味深かったのが17分の1スケールで

幕末の思想家にして教育者であった吉田松陰を祀る松陰神社。学問の神として知られ、合格祈願の受験生が多くお参りに訪れる。なんだか自分が受験生だったころを思い出す

つくられた磯野家のジオラマ。磯野家は平屋にも関わらず、台所を含めて6つも部屋があったのか。

長谷川町子美術館からは、再びサザエさん通りを通って桜新町駅を目指そう。

DATA

⦿モデルプラン：小田急小田原線豪徳寺駅→豪徳寺→世田谷城址公園→松陰神社→長谷川町子美術館→東急田園都市線桜新町駅
⦿歩行距離：約6km
⦿歩行時間：約2時間
⦿アクセス：起点の豪徳寺駅へは、新宿から小田急小田原線で約15分。終点の桜新町駅からは、東急田園都市線で渋谷駅まで約10分
⦿立ち寄りスポット情報：豪徳寺＝世田谷区豪徳寺2-24-7。☏03-3426-1437。世田谷城址公園＝世田谷区豪徳寺2-14-1。松陰神社＝世田谷区若林4-35-1。☏03-3421-4834。長谷川町子美術館＝世田谷区桜新町1-30-6。☏03-3701-8766。10:00〜17:30。月曜（祝日の場合翌日）、展示替期間、年末年始休。一般600円

横浜

よこはま

神奈川県

山手から中華街へ。横浜が持つふたつの顔を眺めて

横浜といえば中華街という印象が強いが、そのいっぽう洋館が建ち並ぶ山手地区も有名だ。一見、ミスマッチのような組み合わせを呑み込んで、ひとつのイメージを作りだしている横浜。観光地としても名高く、訪れる人も多いことから、逆に足が向きにくくなっていたこの街を、今回はひとりの徒歩旅行者として歩いてみよう。

起点となるのは石川町駅。まずはここから山手エリアを歩いてみる。駅から坂を上がってすぐのところには、「山手イタリア山庭園」があって、そこには「外交官の家」や「ブラフ18番館」といった洋館が移築復元されていて、内部も見学できる。一度に何人食事ができるんだというダイニングや、僕の部屋より広そうな浴室を見るにつけ、当時の上層階級の人々の暮らしぶりがうかがえる。

明治政府の外交官を務めた内田定槌氏が1910年に渋谷に建てた邸宅を、1997年に寄贈を受けて移築した「外交官の家」。当時の外交官の暮らしぶりをのぞくことができる

そこからは東の元町公園方面へ向かうのだが、その道すがらに建つ家々のどれもが、先ほどの洋館にも見劣りしないような立派なお屋敷ばかり。なるほど。山手というのはこういうところなのだな。観光客もまばらで、まさに閑静な住宅街というに相応しい。

元町公園直近で、エリスマン邸、山手234番館といった洋館に立ち寄ったら、そこからは元町公園を北に下っていくと、やがて中華街の立派な門が迎えてくれる。

先ほどとはガラリと雰囲気が変わり、まさにアジアの喧噪がそこにある。ギャップにちょっとたじろぐが、慣れてくればこれはこれで楽しい。中華街に来たからには、媽祖廟（まそびょう）と関帝廟（かんていびょう）をお参りしておくことにしよう。日本の寺社とはまるで異なるその絢爛ぶりは、激しく異国感を醸し出している。周囲を眺めると、中国や台湾からの観光客も少なくないようだ。やはり、自分たちの故郷に近いところも観ておきたいのだろうか。

さて時間もほどよいし、中華料理でも食べようと思ったところで迷う。どこのお店も大きくていかにもグループ仕様。そもそも本格中華料理って、ひとりではなかなか入りにくい。グルグル回る丸いテーブルなんかに案内されたらどうしようと、いらぬ不安がよぎる。

普通の街中華ならそんなことはないのにと思ったところで、はたと気がついた。横浜には、この地発祥の中華料理があったではないか。その名はサンマーメン。そうと決まれば路地裏の小さな店を探し、ひとり客であることと、サンマーメンの有無を確認して入る。

ひとりの客が珍しいのか、店のおじさんがいろいろと話かけてくる。カメラを持っているのを見て、「写真かい。昔は横浜の風景もきれいだったけれど、最近は大きなマンションがたくさん建っちゃったからね」と語る。中華街も変わりましたかと聞くと、「どこも食べ放題の店ばかりになったね」と少し淋しそうだ。

やがて運ばれてきたサンマーメンは、イメージ通りの趣だ。細麺の醤油ラーメンベースに、モヤシや細切り肉、キクラゲなどが入ったあんがかかっている。諸説あるものの、も

極彩色の彩りを見せる媽祖廟。航海を守る神として信仰が篤い（写真上）。横浜発祥とされるサンマーメンをいただく。細麺と具材の組み合わせがベストマッチだ（写真左）

ともとは料理人たちがまかない料理として考案したのが始まりらしい。

裏通りの小さな店で、店のおじさんと世間話をしながら中華料理を食べる。そんな経験ができるのなら、またひとりで来るのも悪くないな、横浜。

DATA

⦿モデルプラン：JR根岸線石川町駅→山手イタリア山庭園→エリスマン邸→元町公園→媽祖廟→関帝廟→JR根岸線関内駅
⦿歩行距離：約4km
⦿歩行時間：約1時間半
⦿アクセス：起点の石川町駅へは、東京駅から東海道本線、根岸線を乗り継いで約35分。終点の関内駅からはJR京浜東北線で品川駅へ約33分
⦿立ち寄りスポット情報：山手イタリア山庭園＝横浜市中区山手町16。℡045-662-8819（外交官の家）。9:30～17:00。ブラフ18番館は第2水曜（祝日の場合翌日）、外交官の家は第4水曜（祝日の場合翌日）、年末年始は庭園も含め休。いずれも無料。媽祖廟＝横浜市中区山下町136。℡045-681-0909。関帝廟＝横浜市中区山下町140。℡045-226-2636

ほんごうからねづ、やなか

本郷から根津、谷中

東京都

明治、大正、昭和。それぞれの時代の面影を残す街歩き

本郷といえば、「本郷も　かねやすまでは　江戸のうち」という川柳で知られるように、徳川の時代から江戸を形成していた街だ。明治期には樋口一葉や宮沢賢治をはじめ、多くの文人が居を構えていたことでも知られている。この本郷を出発して根津、谷中と、昔ながらの東京の佇まいを残す街並みを歩いてみよう。

出発は東京メトロ丸ノ内線の本郷三丁目駅。ここから本郷通りと春日通りの交差点に出ると、そこには冒頭の川柳にも登場する小間物屋『かねやす』がある。さすがに現在はビルになってしまい当時の面影はないが、それでも個人商店が300年以上にわたって営業を続けているというのは驚きだ。

春日通りを渡ったら、すぐに左へと道が下っているが、これが菊坂。菊坂沿いを歩いて

菊坂から路地を少し入ったところにある樋口一葉ゆかりの井戸。彼女もこの井戸の水で家事をこなしていたのだろう。井戸に至る古い石畳の道も年季を感じさせる

いくと、樋口一葉の旧居跡をはじめ、彼女が実際に使っていた井戸や、金策のために通った質屋などが現在も残っている。

樋口一葉の井戸をしげしげと眺めていると、近所に住むおばちゃんが顔を出してきて、「昔はきれいな水が出たんだけど、最近は濁りが入っちゃって。もう飲むのには使えないのよ」と残念そうに教えてくれた。

菊坂を下りきる手前の登り坂を右へ入っていくと、住宅街のなかにポツポツと歴史のある木造旅館が現れる。これらの宿は、以前は東京へ来る修学旅行生たちの定宿だったのだが、修学旅行はホテル泊まりにシフトしてしまったそうで、最

近は外国人旅行者が、その伝統的スタイルをおもしろがって宿泊するようだ。

学生時代に東京へ修学旅行に来たことのある地方出身の人のなかには、上京後にこの界隈を歩いていて、「泊まったの、この旅館だ!」と数十年ぶりの邂逅を果たす人もいるらしい。

ここからは細かな道を歩きながら本郷通りへ向かう。途中、東大赤門にほど近いところに、なんとも趣深い喫茶店があったので思わず立ち寄る。「万定(まんさだ)フルーツパーラー」というその店は、天然ジュースとカレーライスのお店。古色蒼然とした店構えに圧倒されつつも、お店のおばちゃんにいつから営業しているのか尋ねてみると、創業はなんと大正3年。100年以上前じゃないか。しかも店は当時のままの状態とのこと。いわれてみると、入口脇に置かれているレジスターには「銭」の単位までしっかり刻まれている。これもしっかり現役だそう。

「このあたりはね、関東大震災も戦争の空襲でもあまり被災しなかったのよ」というおばちゃんの説明に、なんだか僕もうれしくなってしまう。

万定フルーツパーラーを後にしたら、本郷通りを北へ。言問通りと交差したらそこを右に下る。坂を下りきり、不忍通りを左に向かうとやがて根津神社の入口が現れるので、お参りをしていこう。

数は減ったが、本郷界隈には今も木造旅館が残る。昔は修学旅行生たちの御用達だった。今だったら、仲間を誘ってあえて大部屋で一泊してみるのも楽しそうだ

先ほど歩いた本郷が、台地の上に位置するいわゆる山の手だったのに対し、根津、谷中界隈はぐっと庶民っぽい雰囲気だ。昔の長屋を思わせる街並みも数多く残っていて、そんな風景が魅力なのだろう。最近ではこのあたりも外国人旅行者に人気のスポットだ。

言問通り沿いに歩いていくと、この付近はずいぶんとお寺が多いことに気づく。ときには隣接していることも。よくこれだけたくさんあって、経営（?）が成り立つものだなあと、よけいなお世話ながら思ってしまう。

古い木造日本家屋のカフェとして有名な「カヤバ珈琲」の角を左に入れば、や

「フルーツパーラー万定」のレジに置かれていた、古色蒼然としたレジスター。手絞りの天然ジュースやカレーライスが自慢。東大が近いとあって、東大OBたちもときどき訪れるという

がて谷中の霊園に至る。ここは十五代将軍徳川慶喜をはじめ、森繁久彌、横山大観など多くの著名人が眠っている。霊園の目抜き通りを抜けて、人しか通れない細い階段を下っていけば、唐突に日暮里駅が目の前に現れる。今回の旅のゴールだ。

DATA

⦿モデルプラン：東京メトロ丸ノ内線本郷三丁目駅→菊坂→万定フルーツパーラー→根津神社→谷中霊園→JR山手線日暮里駅
⦿歩行距離：約5km
⦿歩行時間：約1時間半
⦿アクセス：起点の本郷三丁目駅へは、東京駅より丸ノ内線で約7分。終点の日暮里駅からは、山手線で東京駅まで約11分
⦿立ち寄りスポット情報：万定フルーツパーラー＝文京区本郷6-17-1。✆03-3812-2591。11:00～15:00。不定休

次はオリジナルの半日徒歩旅行を
——あとがきに代えて

はじめての徒歩旅行は「家出」だった。小学校3年生くらいではなかったか。今となっては、原因はすっかり忘れてしまったが、きっと些細なことだったのだろう。叱られて、母の「出ていきなさい！」という言葉に即反応、着の身着のままで家を飛び出したのだった。

飛び出したはいいが、そこは小学生。なんのプランもなく、しかも所持金はゼロ。しばらくは近所の雑木林や小川など、子どもの定番スポットをうろうろしていたのだが、やがて時間を持て余すようになる。絶賛反抗期中だったので、親に頭を下げる気にはさらさらなれず。さてどうしようかというときに、思いついたのが祖父母の家だった。当時、僕が住んでいた家からバスに乗って30分くらいのところに、祖父母の家があった。あそこへ行こう！　お金がないので当然徒歩である。バスでは何度も行っていたので、だいたいのコースはわかっていた。途中で日が暮れてしまったが、どういうわけか不安はまったくなく、逆に高揚感が高まるばかり。水は途中の公園で飲んだ。空腹だけはどうにも情けなかったが。

結局、3時間ほどをかけて祖父母の家に無事到着。夜の8時ころだったか。当初、祖父は喜んで「どうした、こんな時間に?」と尋ねてくれたので、僕としては歩ききった達成感もあってか、「家出してきた!」と元気な声で答えたところ態度は一変。怒られて、すぐに連絡されて、食事をさせてもらって、強制連行された。当たり前である。

しかし、そのときに感じた高揚感は忘れることができず、その後はたびたび、行ったことのない場所へ探検と称してひとりで出かけるようになった。

やがて高校の山岳部に入って山を歩くようになり、大学生になってからはリュックサックを背に何ヶ月も海外を旅する、いわゆる貧乏旅行者にもなり、最近ではサンティアゴ・デ・コンポステーラの巡礼道歩きや、海外のロングトレイルに通いだすようになったのだが、今考えると、徒歩旅行の原点はあの家出にあったのではないかと思うのだ。

もちろん、いつもそんなに長い徒歩旅行に出かけられるわけもなく、日常は多忙な日々のなかにある。けれども、そんななかでもせめて日帰り、いや半日でもと思ってあちこちを歩き回っているうちに、近場には近場の魅力があることを知り、そのときの経験が本書のベースにもなっている。

＊

本書で50本以上のコースを紹介してしまっておいて今さらなのだが、徒歩旅行の一番の醍醐味は、実はコースを考えることなのではないかとも思っている。

知らない土地の地図を眺めつつ、途中にあるおもしろそうなスポットをチェック、街から街へつなぐルートを考える。自動車の往来が少なそうな道、曲がりくねった旧道っぽい道、河川敷、ときには田んぼのなかの農道、この川はどこで渡っておくべきか……。現地の様子を想像しながら一本の線を引いていく。

コースは単純な往復よりも、スタート地点とゴール地点を別々に設定したほうが旅の深みが出る気がする。往復するだけの旅ではどうしても「点」である目的地が重要で、往復の行程はただの手段になりがちだ。それに対し、スタートとゴールが異なる場合は、行程そのものを「線」の旅としてとらえやすい。ルートも重複しないので最後まで旅の鮮度も保てるし、あそこからここまで歩いたという達成感も得やすい。そんなこともあって、本書ではスタートとゴールが異なるコースを数多く紹介した。

もっとも、あまり事前に現地情報を調べすぎるのは考えものだ。旅の感動というのは、えてして未知との出会いであったりする。細かなことまでチェックし尽くすと、そんな未知との出会いがなくなってしまい、残るのは調べた情報の確認作業ばかりということになりかねない。そして、確認作業には感動は少ないものだ。

情報収集が少なかったせいで、予定通りに旅ができなかったとしても、それもまた旅のひとつ。すべてが順調にいった旅よりも、なにかが起きた旅のほうがあとあとまで記憶に残ったりもする。そういう意味では、絶対的な「失敗旅」というものはないのだろう。

もちろん、便数が少ない交通機関のダイヤなど、しくじると旅そのものが始まらないようなことはあらかじめ確認しておくべきだが、多少のハプニングは旅のスパイス程度に考えたほうが、のびのびとして柔軟性のある旅ができるはずだ。

では、半日とはいえよき旅を。

*

本書をまとめるにあたり、山と溪谷社の担当編集者である稲葉豊さんには大変お世話になりました。ついつい偏った視線になりがちな僕の方向性を、適切に軌道修正していただきました。また、本書を素敵な姿で世に送り出してくれたデザイナーの吉池康二さん。あらためてこの場を借りてお礼申し上げます。

そして今となって思えば、あの日あのとき、僕が「なんちゃって家出」をすることになった母のひと言。あれはその後の僕の将来にとって、とても大きなきっかけとなったのかもしれない。大いに感謝である。残念ながら母は、去る2月に他界してしまったが、近々、本書を携えて墓参りに出かけようと思う。そしてそんなときにも、墓参りと合わせてどこか徒歩旅行ができないものかと考えてしまうのが、我ながらいかがなものかと思うのだが。

2018年10月12日
佐藤徹也

東京発 半日徒歩旅行 探訪地マップ

茨城県

千葉県

18

45

12

14

群馬県
栃木県
長野県
埼玉県
東京都
山梨県
神奈川県
静岡県

6 13 27 2 38 35 41 31 7 3 5 24 39 43 44 42 51 22 10 19 15 9 29 16 25 1 23 36 26 28 49 46 30 40 37 8 20 47 48 33 50 21 32 17 4 34 11

N

0 50km

著者プロフィール

佐藤徹也（さとう てつや）

1964年、東京都生まれ。旅好きライター。国内、海外を問わず徒歩旅行を趣味とし、これまでに訪れた諸外国は57カ国。現在は、サンチャゴ・デ・コンポステーラの巡礼路中の「ル・ピュイの道」をセクションハイクで踏破中。2年かけて約500kmを踏破（2018年現在）。また、ヨーロッパ各国のクラシック・ロングトレイルを踏破開始。アイスランドのロイガヴェーグル、フィンランドのカルフンキエロスを歩いた。国内では、国道沿いなどではなく、快適に歩ける「歩く旅」の可能性を模索中（山、古道含む）。国内の有人島を訪ねるのも好き。『山と溪谷』『ワンダーフォーゲル』などの雑誌をはじめ、旅行系websiteにて鋭意執筆中
ブログ「旅と暮らしの日々」https://apolro.exblog.jp

東京発 半日徒歩旅行

YS041

2018年11月15日　初版第1刷発行
2022年 1 月15日　初版第9刷発行

著者　佐藤徹也
発行人　川崎深雪
発行所　株式会社　山と溪谷社
〒101-0051
東京都千代田区神田神保町1丁目105番地
https://www.yamakei.co.jp/
■乱丁・落丁のお問合せ先
山と溪谷社自動応答サービス TEL.03-6837-5018
受付時間／ 10:00-12:00、13:00-17:30（土日、祝日を除く）
■内容に関するお問合せ先
山と溪谷社 TEL.03-6744-1900（代表）
■書店・取次様からのご注文先
山と溪谷社受注センター
TEL.048-458-3455 FAX.048-421-0513
■書店・取次様からのご注文以外のお問合せ先
eigyo@yamakei.co.jp
地図協力　千秋社
印刷・製本　図書印刷株式会社

＊定価はカバーに表示してあります
＊落丁・乱丁本は送料小社負担でお取り替えいたします

Printed in Japan ISBN978-4-635-24117-5

本書に掲載されている各種データは
2018年10月中旬現在のものです